COMUNIDADES
EMPREEN
DEDORAS

RAFAEL RIBEIRO

COMUNIDADES EMPREENDEDORAS

INICIE O MOVIMENTO DA COLABORAÇÃO E COMECE A DESENHAR O BRASIL DO FUTURO

ALTA BOOKS
EDITORA
Rio de Janeiro, 2021

Comunidades Empreendedoras

Copyright © 2021 da Starlin Alta Editora e Consultoria Eireli.
ISBN: 978-65-5520-565-7

Todos os direitos estão reservados e protegidos por Lei. Nenhuma parte deste livro, sem autorização prévia por escrito da editora, poderá ser reproduzida ou transmitida. A violação dos Direitos Autorais é crime estabelecido na Lei nº 9.610/98 e com punição de acordo com o artigo 184 do Código Penal.

A editora não se responsabiliza pelo conteúdo da obra, formulada exclusivamente pelo(s) autor(es).

Marcas Registradas: Todos os termos mencionados e reconhecidos como Marca Registrada e/ou Comercial são de responsabilidade de seus proprietários. A editora informa não estar associada a nenhum produto e/ou fornecedor apresentado no livro.

Impresso no Brasil — 1ª Edição, 2021 — Edição revisada conforme o Acordo Ortográfico da Língua Portuguesa de 2009.

Erratas e arquivos de apoio: No site da editora relatamos, com a devida correção, qualquer erro encontrado em nossos livros, bem como disponibilizamos arquivos de apoio se aplicáveis à obra em questão.

Acesse o site www.altabooks.com.br e procure pelo título do livro desejado para ter acesso às erratas, aos arquivos de apoio e/ou a outros conteúdos aplicáveis à obra.

Suporte Técnico: A obra é comercializada na forma em que está, sem direito a suporte técnico ou orientação pessoal/exclusiva ao leitor.

A editora não se responsabiliza pela manutenção, atualização e idioma dos sites referidos pelos autores nesta obra.

Produção Editorial
Editora Alta Books

Diretor Editorial
Anderson Vieira

Gerência Comercial
Daniele Fonseca

Coordenação Financeira
Solange Souza

Editor de Aquisição
José Rugeri
acquisition@altabooks.com.br

Produtores Editoriais
Ian Verçosa
Illysabelle Trajano
Larissa Lima
Maria de Lourdes Borges
Paulo Gomes
Thiê Alves
Thales Silva

Equipe Comercial
Adriana Baricelli
Daiana Costa
Kaique Luiz
Tairone Oliveira
Victor Hugo Morais

Equipe Ass. Editorial
Brenda Rodrigues
Caroline David
Luana Goulart
Marcelli Ferreira
Mariana Portugal
Raquel Porto

Marketing Editorial
Livia Carvalho
Gabriela Carvalho
Thiago Brito
marketing@altabooks.com.br

Atuaram na edição desta obra:

Revisão Gramatical
Gabriella Araújo
Kamila Wozniak

Capa
Rita Motta

Diagramação
Joyce Matos

Dados Internacionais de Catalogação na Publicação (CIP) de acordo com ISBD

R484c	Ribeiro, Rafael
	Comunidades Empreendedoras: inicie o movimento da colaboração e comece a desenhar o Brasil do futuro / Rafael Ribeiro. - Rio de Janeiro : Alta Books, 2021.
	192 p. ; 16cm x 23cm.
	Inclui índice.
	ISBN: 978-65-5520-565-7
	1. Empreendedorismo. 2. Inovação. 3. Comunidades empreendedoras. 4. Movimentos colaborativos. I. Título.
2021-2107	CDD 658.421
	CDU 65.016

Elaborado por Odilio Hilario Moreira Junior - CRB-8/9949

✉ **Ouvidoria**: ouvidoria@altabooks.com.br

Editora afiliada à:

Rua Viúva Cláudio, 291 — Bairro Industrial do Jacaré
CEP: 20.970-031 — Rio de Janeiro (RJ)
Tels.: (21) 3278-8069 / 3278-8419
www.altabooks.com.br — altabooks@altabooks.com.br

SUMÁRIO

Sobre o autor vii
Agradecimentos ix
Prefácio xv
Introdução 1
A história do empreendedorismo no Brasil 7

Capítulo 1: O sonho de ser uma Associação Brasileira de Startups 17
Capítulo 2: Entenda a sua comunidade 25
Capítulo 3: Cultura 37
Capítulo 4: Densidade e Diversidade 55
Capítulo 5: Capital 67
Capítulo 6: Ambiente regulatório 89
Capítulo 7: Talentos 115
Capítulo 8: Acesso a mercado 133
Capítulo 9: Resultados 149
Capítulo 10: Futuro: O que está por vir? 157

ÍNDICE 165

Sobre o autor

Apaixonado por tecnologia desde pequeno, Rafael Ribeiro estudou computação na Universidade Adventista de São Paulo. Empreendedor há catorze anos no mercado de tecnologia, fundador de startups, investidor-anjo, foi diretor-executivo da Abstartups por mais de quatro anos e atualmente é *head* de operações do grupo Bossa Nova Investimentos. Sua principal missão nos últimos anos foi difundir conhecimento e ajudar empreendedores e grandes corporações a se conectar e se relacionar com suas comunidades e fazerem negócios. Seu "side project" favorito é desenvolver comunidades de startups não tão conhecidas.

Agradecimentos

Em especial, gostaria de agradecer à minha avó Lucy Soares, que já não está mais entre nós, mas foi quem sempre me incentivou, inspirou e me estimulou a buscar constantemente a minha melhor versão. Às mulheres da minha vida: Solange Gomes, Celia Regina Varjão, Sandra Helena e Flávia Soares. E ao meu herói, Cleber Varjão.

O meu mais sincero obrigado a todas e todos que contribuíram para que este projeto fosse realizado. Sabemos que uma comunidade é um organismo vibrante e em constante evolução, e é através de pessoas que fazem a diferença, como as que me receberam e com quem tive o prazer de trabalhar, que damos cada vez mais visibilidade e possibilitamos mais conexões para as startups locais.

Agradeço a receptividade e disponibilidade de cada uma das comunidades retratadas neste livro e a todas que sempre me receberam superbem. Além de fazerem um trabalho incrível, vocês estão dispostos a ajudar quem realmente precisa a encontrar o caminho e trilhar suas próprias jornadas.

Aos empreendedores espalhados pelo país, o recado é um só: não desistam, vocês não estão sozinhos! Aos entrevistados que, com seus depoimentos e experiências compartilhados, deixaram o livro ainda mais rico em informações.

Aproveito para registrar minha gratidão também ao time incrível da Abstartups, pois sem vocês nada disso seria possível, e também a toda minha família por estar sempre ao meu lado me apoiando nas minhas loucuras. À Renata Marinho, que me ajudou a organizar tudo isso.

Pelo suor. Pela energia. Pela vontade de ir além. Pela rua. Pelas pivotagens. Pelos que acamparam. Pelos que viajaram. Pelos que resistiram. Pelos que se jogaram. Pelos que acreditaram. Pelos que tiveram coragem de subir no palco. Pelos que tiveram gratidão. Pelos dispostos a contribuir de coração aberto. Pelos que aprenderam. Pelos que deram as mãos. Pelos que sorriram. Pelos que se surpreenderam. Pelos que pediram mais. Pelos que sonham. Pelos que representam. Pela história. Pelos que gritaram "vamos conseguir".

Preciso listar aqui também os Embaixadores do CASE 2018 e 2019 e os participantes do Falcom 2019. Vocês fazem toda a diferença nos estados de vocês! Agradeço de coração por terem abraçado a ideia e ter a missão de inspirar tanta gente! E, assim como assumiram o compromisso no Falcom de entregar algo grande para as comunidades de vocês ao assinarem um documento, aqui está a minha entrega. Para todos, o meu muito obrigado.

FALCOM 2018 e 2019

ESTADO	EMBAIXADORES 2019	EMBAIXADORES 2018
Acre (AC)	Vander Nicácio	Alex Lima
Alagoas (AL)	Carlos Wanderlan	Áurea
Amapá (AP)	Felipe Ferreira	Antônio Fascio
Amazonas (AM)	Gláucia Campos	Daniel Goettenauer
Bahia (BA)	Donjorge Almeida	Eduardo Lobo
Ceará (CE)	Gabriella Purcaru	Marilia Diniz
Distrito Federal (DF)	Dudu Oliveira	Roberto Mascarenhas Braga
Espírito Santo (ES)	Camilla Dalla Brandão	Ed Lobo
Goiás (GO)	Carlos Magno	Alline Jajah
Maranhão (MA)	Gabriela Mercedes	João Silva
Mato Grosso (MT)	Feliciano Azuaga	Fernando Pscheidt
Mato Grosso do Sul (MS)	Leandra Costa	Flavio Estevam
Minas Gerais (MG)	Liann Rodrigues	Roberto Viana
Pará (PA)	Bruno Darwich	Adailton Lima
Paraíba (PB)	Danyele Raposo	Vanessa Pessoa
Paraná (PR)	Érica Marques	Thaise Amaral
Pernambuco (PE)	Daniel Lima	Luiz Gomes
Piauí (PI)	Samuel Moraes	Marcus Linhares
Rio de Janeiro (RJ)	Luiza Luth	Gustavo Mota
Rio Grande do Norte (RN)	Aleneilson Barbosa	Monnaliza Medeiros
Rio Grande do Sul (RS)	Pedro Schanzer	Alana Fernandes
Rondônia (RO)	Andrews Botelho	Rangel V. Miranda
Roraima (RR)	Vanessa Schwaizer	Fransllyn do Nascimento
Santa Catarina (SC)	André Hotta	Alexandre Souza
São Paulo (SP)	Alexandre Barros	Danilo Picucci
São Paulo (SP)	Juliana Lima	Felipe Matos
Sergipe (SE)	Arthur Verona	Arthur Barbosa
Tocantins (TO)	Amanda Bucar	Cintia Fernandes

FALCOM 2019

EMBAIXADORES 2019	ESTADO
Alana Miguel Serafini Fernandes	Porto Alegre, RS // São Paulo, SP
Alexandre Barros	São José dos Campos, SP
Alexandre Mori	Porto Velho, RO
Bruna Barbosa	Belém, PA
Camila Dalla Brandão	Vitória, ES
Carlos Eduardo Lopes da Silva	Macaé, RJ
Carlos Henrique Leão de Faria	Rio de Janeiro, RJ
Carlos Júnior	Rio de Janeiro, RJ
Carlos Magno Nery de Oliveira	Goiânia, GO
Daniel Godoy	Santo André, SP
Danillo Sciumbata	Caxias do Sul, RS
Donjorge Almeida	Salvador, BA
Douglas Nakazawa	Registro, SP
Fabiano Follador Miquelussi da Silva	Curitiba, PR
Feliciano Lhanos Azuaga	Sinop, MT
Fernando Henrique Berwanger	Santa Maria, RS
Filipe Garcia	Porto Alegre, RS
Fransllyn do Nascimento	Boa Vista, RR
Gabriela Mercedes Borges Barros	São Luís, MA
Gabriella Purcaru	Fortaleza, CE
Giselli Martinez	Manaus, AM
Ian Romano	Belo Horizonte, MG
Ingridt Millenna Vieira Dantas	Campina Grande, PB
Italo Brito Brasil	Caxias, MA
João Marinelli	Florianópolis, SC
José Antônio Rodrigo Feitosa Lima	Teresina, PI
Laíza Amorim	Belo Horizonte, MG
Leandra Costa	Campo Grande, MS

EMBAIXADORES 2019	ESTADO
Liann Rodrigues dos Santos	Belo Horizonte, MG
Lilian Natal	São Paulo, SP
Livia de Oliveira Saraiva	Teresina, PI
Luiza Gonçalves	Valença, RJ
Maria Goreth Araújo Reis	Porto Velho, RO
Maria Karolyna Borges Machado	São Luís, MA
Monnaliza Laís Nascimento de Medeiros	Natal, RN
Pedro Schanzer	Porto Alegre, RS
Rangel Miranda	Porto Velho, RO
Regina Acutu	Maringá, PR
Reneide Paula Campelo Sales de Melo	Ribeirão Preto, SP
Rodolfo Pombo Menezes	Barra Mansa, RJ
Sabrina Moreira	Curitiba, PR
Samuel Moraes de Melo	Teresina, PI
Vander Magalhães Nicácio	Rio Branco, AC
Vanessa Camargo	Rio Verde, GO
Vanessa Paiva Pessoa	Fortaleza, CE // João Pessoa, PB
Vinícius Aguiar de Brito	Florianópolis, SC
Vitoriano Ferrero Martin Jr	Cuiabá, MT

Este livro é dedicado a vocês que são heróis e se dedicam voluntariamente a mudar a realidade desse Brasil.

Prefácio

Muito se fala em empreender, do quanto é necessário ser inovador e buscar novas soluções para problemas da sociedade. De fato, o papel do empreendedorismo — principalmente em momentos de crise econômica e pela importância de se desenvolver uma comunidade empreendedora ativa e produtiva — é fundamental para o progresso de qualquer país. Mas o que é uma comunidade empreendedora? Quais benefícios ela traz para a sociedade? Qual a diferença entre empreender e abrir um negócio? Qual a relação entre a crise e o empreendedorismo? Qual a importância do empreendedorismo no Brasil? Foi para responder a essas e outras perguntas que Rafael Ribeiro idealizou este projeto e não mediu esforços para conhecer o máximo de comunidades Brasil afora.

O mundo corporativo nos molda para não sermos empreendedores. Você cuida da sua área e não olha a empresa como um todo. E empreender é ser jogado no mar aberto em uma jangada. Quem acompanha minha trajetória sabe que já experimentei os dois mundos e, sim, acredito que somente e através do empreendedorismo seremos capazes de criar uma comunidade ainda maior chamada Brasil, que, uma vez unida e consciente da sua força, mostrará ao mundo que somos o país da diversidade, da inclusão e do progresso contínuo.

É claro que ainda há muito a se fazer, principalmente quando analisamos a participação das mulheres no mercado como um todo. Empreender é o caminho para muitas mulheres continuarem ativas e preservarem a autonomia, mas, apesar de todos os avanços sociais e reconhecimento das competências da mulher, o ambiente corporativo ainda tem certa hostilidade contra nós. Ainda assim, as mulheres têm força e resiliência para criar suas próprias empresas, mas isso precisa se transformar em sucesso. É preciso criar condições para que essas gestoras tornem os negócios sustentáveis e transformem um número cada vez maior de vidas.

Não basta sonhar e trabalhar. Tem que sonhar e trabalhar certo, do contrário não funciona. E esta obra mostra justamente isso, "como fazer" para que uma comunidade se torne viva e produtiva. Para isso, talvez o primeiro passo seja se despir da arrogância que o mundo corporativo nos traz de achar que sabemos de tudo. Quando começamos a empreender, chegamos rapidamente a uma conclusão: na verdade, não sabemos de nada. E foi através desse universo de possibilidades que descobri que meu propósito de vida é ajudar outros empreendedores, especialmente as mulheres a também acharem seus caminhos. Conciliar nossa causa com um modelo de negócios que precisa dar retorno financeiro para poder seguir em frente é, certamente, um dos nossos maiores desafios.

Este livro mostra que o movimento empreendedor no Brasil é bastante relevante, principalmente porque temos aqui um elemento de grande destaque se comparado a outros empreendedores no mundo: a criatividade. Nossa população é muito criativa no que diz respeito a desenvolver soluções inusitadas. Depois do que vivemos recentemente com a pandemia do Coronavírus, ficou ainda mais evidente o papel das startups de concretizar grandes projetos voltados à sociedade com uma rapidez e escalabilidade incríveis. E é por essas e outras constatações que devemos apoiar o desenvolvimento de mais e mais comunidades empreendedoras e dar totais condições para que elas possam fazer seu papel, que é tornar o mundo um lugar melhor.

Ana Fontes

Empreendedora social, fundadora da Rede Mulher Empreendedora e presidente do Instituto RME, Delegada Líder BR W20/G20, eleita uma das 20 mulheres mais poderosas do Brasil pela Forbes BR 2019/Top Voices LinkedIn 2020.

> "Empreender é um ato de coragem que se renova todos os dias."
>
> Rafael Ribeiro

Introdução

Quando pensamos em comunidade, logo associamos a palavra à comunhão, a um grupo de pessoas que se reúnem em função de um objetivo em comum. E é sobre isso que este livro trata, sobre o poder da concordância, da unidade, e a força que um propósito conjunto tem de transformar vidas e realidades Brasil afora. Não podemos deixar de lado a harmonia, outra característica fundamental para quem deseja construir algo sólido e enraizado, afinal, quando uma comunidade se une em prol de um objetivo, nada mais saudável e ideal do que um ambiente convidativo que estimule o compartilhamento de ideias e informações, que valorize as conquistas do grupo, que, neste contexto, significa o desenvolvimento de um município ou até mesmo de toda uma região, como será apresentado nas próximas páginas.

Você já parou para pensar em onde as comunidades de startup do Brasil se encontram? Em qual estágio elas estão e quais são as mais aquecidas e as que ainda estão em um processo inicial de aprendizado? Existem iniciativas consolidadas fora dos grandes centros econômicos do país? Foi para responder a essas e outras perguntas que este projeto ganhou vida.

Nos últimos quatro anos da minha vida, mergulhei a fundo neste universo e me dediquei não apenas em buscar essas respostas, mas para que comunidades antes desconhecidas pudessem ganhar força, visibilidade e reconhecimento. Grupos que até então não tinham voz no cenário nacional passaram a ter destaque, a ser divulgados e visitados. Talvez este tenha sido o meu maior propósito: conhecer, contribuir e valorizar o trabalho de grupos que têm feito a diferença em todo país, de norte a sul, leste a oeste.

Nos últimos anos, algumas regiões se consolidaram como pontos nevrálgicos quando o assunto é inovação e startups. E essa conquista se dá em função de motivos óbvios: são locais em que um conjunto de fatores — mão de obra, mercado, capital, universidades, poder público — proporciona as condições ideais para o surgimento de novos negócios, principalmente de base tecnológica.

Por isso, tudo que será mostrado nas próximas páginas é resultado de um trabalho aguerrido de uma equipe que não mediu esforços para visitar e conhecer de perto comunidades que não tiveram, necessariamente, acesso a grande parte dos fatores citados acima, mas que mesmo assim têm feito a diferença em suas respectivas regiões e têm muito para contribuir com o ecossistema brasileiro.

Quando falamos de ecossistema de startups, estamos nos referindo a todos os elementos que de alguma forma contribuem para a construção de um ambiente favorável ao desenvolvimento de startups. Quando bem aplicados, cada um desses agentes — sejam pessoas, empresas, instituições ou órgãos do governo — se torna uma peça fundamental para o nascimento e sucesso dos novos negócios.

Ao longo dos últimos quatro anos realizei mais de 150 visitas às comunidades que, consequentemente, geraram mais de 60 estudos para mostrar o que essas comunidades espalhadas pelo Brasil têm feito e, principalmente, seus desafios e superação. Tenho um imenso orgulho de dizer que visitei, uma a uma, nos mais diversos estados e regiões, para entender o que funciona e o que não funciona para apresentar nesta obra. Através desse mapeamento, é possível também ajudar a identificar quais e quem são esses agentes próximos a você e da sua comunidade que se dedicam a fomentar o ecossistema empreendedor. Mais do que isso, na prática é mostrar "como fazer" para quem quer fazer.

E por que fazer isso? O motivo é simples: se a gente consegue dar visibilidade para uma comunidade, o poder de conexão e a atratividade dela aumenta. E resultado disso são startups cada vez mais fortes e inspiradoras. Note que o processo de descentralização é de extrema importância para o desenvolvimento de inovação no Brasil, um país que tem a diversidade como uma de suas principais riquezas. E, assim, vamos falando de comunidades de startups e promovendo conexões para quem está na ponta, as heroínas e heróis que empreendem no Brasil.

Atualmente vivemos um momento ímpar na história do nosso país, estamos em ebulição. Apesar de ser um ecossistema relativamente novo se comparado ao Vale do Silício, a Israel, à China, entre outros, surgiram recentemente algumas das startups mais revolucionárias do país, incluindo os primeiros unicórnios. Como veremos adiante, boa parte das startups que estão nos holofotes ainda estão localizadas nas cidades do sudeste do Brasil, que, com suas condições privilegiadas, como acesso fácil a universidades, parques tecnológicos, aceleradoras e fundos, é o berço dos negócios de alto impacto. Comunidades como a de Florianópolis, a cidade brasileira como maior número de startups por habitante — são cerca de 16 mil empreendedores, segundo a Associação Catarinense de Tecnologia (Acate) — de onde vieram Neoway e Resultados Digitais, é um bom exemplo. Podemos citar a de Belo Horizonte, onde o chamado San Pedro Valley congrega universidades, hubs de inovação e fundos de venture capital. O resultado? MaxMilhas, Sambatech, Méliuz e Sympla são apenas alguns dos cases de sucesso de lá.

E eu poderia citar muitos outros exemplos, mas meu objetivo é mostrar que há outras regiões, nem sempre consideradas polos de inovação no Brasil, mas que vêm conquistando resultados importantes — e revelando também outras tantas startups de sucesso. Em cada tópico fundamental (pilares), você encontrará informações referentes ao contexto histórico local e sobre o que acredito serem os seis principais pilares do ecossistema. São eles: Talentos, Cultura, Densidade e Diversidade, Acesso a mercado, Capital e Ambiente regulatório, que serão aprofundados.

A partir de agora, você terá acesso ao universo das startups como nunca viu antes, com os olhos de quem vê a realidade em sua forma mais fiel e imparcial possível. Como consegui isso? Basta pensar que parte do meu trabalho nos últimos anos foi mapear e analisar o ecossistema de startups em seus diversos nichos em todo o Brasil, gerar insights e buscar apresentar novas tecnologias e tendências para ajudar o empreendedor a alcançar o próximo nível. Sem exclusão ou divisão política ou geográfica. Visitei os quatro cantos do país, das comunidades mais estruturadas às que ainda estão em um processo de construção. Foi possível assim, deixando o escritório de lado, a sede em São Paulo e pegando a estrada, conhecer de perto a realidade e reunir a maior base de dados em tempo real sobre o ambiente de startups no Brasil, além de falar com todos e *para* todos.

Em campo nota-se que o sentimento comum entre as comunidades, e que as une, é o da colaboração e conexão, e as comunidades se encontram e se reconhecem. Querem levar de um lugar para o outro todas as suas vivências. Existe uma vontade de troca, de compartilhamento muito grande e latente. Querem que as pessoas experimentem o que cada local oferece, viver a cidade e cada experiência. O meu desejo sincero é que as nossas startups sejam, cada vez mais, motivo de orgulho nacional, trabalhamos muito para isso!

Em suma, este livro é um guia essencial para a construção de comunidades empreendedoras de apoio. "Comunidades de startups" estão surgindo em todos os lugares e os ecossistemas empreendedores estão impulsionando a inovação e têm se tornado a energia das empresas tidas como tradicionais. Este livro documenta o que tem sido feito, a estratégia, a perspectiva de longo prazo e a dinâmica de construir comunidades de empreendedores que podem se alimentar do talento, criatividade e apoio de cada um.

Com base em minha experiência, de outros empreendedores, e contato direto com as comunidades dos quatro cantos do país, vou mostrar nas próximas páginas o que é preciso para criar uma comunidade empreendedora em qualquer cidade, a qualquer momento. Ao longo do caminho, oferecemos informações valiosas para aumentar a abrangência e a profundidade do ecossistema empreendedor, multiplicando conexões entre empreendedores e mentores, melhorando o acesso à educação empreendedora e muito mais. Nesse sentido, aprofundar os seis princípios fundamentais é necessário para formar uma comunidade de startup sustentável, viva, frutífera.

Este livro é ideal para empreendedores, grandes corporações que estão querendo se relacionar com as startups, investidores, agentes que lidam com o empreendedorismo e estão vinculados a entidades governamentais, e para quem busca entender como funciona uma comunidade, as ideias e oportunidades. Envolvente e informativo, este guia prático não apenas mostra como as comunidades de inicialização funcionam, mas também mostra como fazê-las funcionar em qualquer lugar do Brasil.

Rafael Ribeiro
Boa leitura!

A história do empreendedorismo no Brasil

Com toda certeza a palavra empreendedorismo nunca esteve tão presente na boca dos brasileiros como nos dias de hoje, mesmo de quem não entende o conceito e tudo o que ele envolve. De fato, empreender tem se tornado cada dia mais comum, assim como ouvir pessoas entusiasmadas que começaram a enxergar no empreendedorismo não apenas uma oportunidade de ter um negócio próprio, mas a chance de adotá-lo como estilo de vida.

E é mais do que normal que ainda existam inúmeras dúvidas, afinal, o próprio ecossistema empreendedor no Brasil ainda é muito jovem, e talvez estejamos vivendo hoje o melhor momento para falar sobre o tema, desmistificar alguns mitos sobre o assunto e, principalmente, mostrar que, apesar da pouca idade, avançamos e muito nos últimos anos.

Para entendermos em que pé estamos hoje é preciso voltar alguns anos e conhecer a história do empreendedorismo no Brasil e as iniciativas e marcos que nos conduziram até aqui. Para começar nossa viagem no tempo, vamos primeiro entender alguns conceitos para que possamos dar os próximos passos. A palavra empreendedor deriva do inglês *entrepreneur*, que, por sua vez, vem do termo do francês antigo "entreprendre" e, neste livro, vamos, de forma bem objetiva, entender como é aquela pessoa que assume risco e começa algo novo.

Para que se possa ter uma noção a nível mundial, os primeiros indícios registrados de que alguém começou a assumir riscos e investir em algo novo foi no século XVII. Naquela época, apesar do termo não ser difundido e muito menos adotado para definir aquela prática até então desconhecida, os empreendedores tinham um acordo contratual com o governo para realizar a produção de seus produtos. Richard Cantillon foi um importante escritor e economista da época, sendo considerado um dos criadores do termo empreendedorismo. Para ele, era evidente a necessidade de diferenciar o empreendedor do capitalista (aquele que fornecia capital).

Como nosso objetivo aqui é apresentar a cronologia do empreendedorismo no Brasil e não no mundo, é importante registrar apenas que os capitalistas e os empreendedores foram finalmente diferenciados, em função do início da industrialização que acontecia por todo o mundo através da Primeira Revolução Industrial, ocorrida na Grã-Bretanha já no final do século XIX e começo do XX. Mas, ainda assim, os empreendedores da época começaram a ser confundidos com os administradores, sendo analisados meramente pelo ponto de vista econômico. Ou seja, ainda eram vistos como aqueles que apenas organizam uma empresa, o que basicamente se resumia a pagar o salário de seus empregados, planejar técnicas para melhoramento da sua empresa, além de dirigir e controlar as ações que eram desenvolvidas em suas organizações, sempre servindo a um capitalista, o que não é o caso do empreendedor que planeja tudo com seus próprios investimentos, sem o dedo de um capitalista investidor. De lá para cá, centenas de novos pensadores se aprofundaram no tema e no conceito, bem como em sua aplicação, e foram se desenhando para que chegássemos aos dias de hoje. Novamente, como nosso objetivo é mostrar os principais fatos históricos no Brasil, não trataremos aqui de nenhum autor específico.

Para dar início ao nosso recorte no país, o empreendedorismo surgiu em meados dos anos 1990, o que só foi possível graças à abertura econômica na época e à entrada de fornecedores estrangeiros, ajudando alguns setores em que antes não era possível competir com os produtos importados. A partir daí, várias iniciativas, públicas e privadas, nos trouxeram aos dias de hoje. É de suma importância dizer ainda que provavelmente não constam aqui absolutamente todas as iniciativas, ações e programas, afinal, com toda certeza sabemos que existem diversas outras instituições e contribuições pelo Brasil. Meu único intuito ao apresentar esta cronologia é apresentar aqueles que fundamentaram e criaram a base do ecossistema que temos hoje e, caso seu nome ou ação não esteja aqui, sinta-se prestigiado da mesma forma, afinal, você sabe o quanto foi importante nesta construção.

○ **1987**
Criação da Associação Nacional de Entidades Promotoras de Empreendimentos Inovadores (Anprotec).

○ **1990**
No Brasil, temos histórico de investimento-anjo desde o início da década de 1990, efetivado de forma passiva e sem muita organização.

○ **1990**
Abertura econômica e criação do Sebrae para apoiar e qualificar empreendedores.

○ **1993**
Criação do Programa Empretec, desenvolvido pela ONU, com o objetivo de fomentar o empreendedorismo e educar por meio de seminários e cursos.

○ **1994**
Venture Capital já havia sido regulado pela Instrução CVM 209, de 1994, o que possibilitou a criação dos Fundos Mútuos de Investimentos em Empresas Emergentes (FMIEEs). Nascem as primeiras empresas de Venture Capital como a Confrapar, embora esse tipo de investimento exista no Brasil desde antes da década de 1980.

○ **1999**
Lançamento do Programa Brasil Empreendedor, pelo governo federal, para estimular empreendedores em todo país.

○ **2000**
Surgem os primeiros grupos de investidores-anjo privados com a criação, em 2000, do Gávea Angels no Rio e, em 2003, do Floripa Angels em Florianópolis, além do São Paulo Anjos, em São Paulo.

○ **2000**
Endeavor começa a atuar no Brasil.

○ **2000**
Criação do Porto Digital em Recife, considerado um dos principais parques tecnológicos do Brasil.

○ **2000**
Surge um centro de empreendedorismo na Universidade de São Paulo (USP).

○ **2003**
Criação de mais empresas de Venture Capital e abertura de Fundos de Investimento em Participações (FIPs).

○ **2004**
Artemisia é fundada pela Potencia Ventures. Seu programa de aceleração tem como foco, não exclusivo, acelerar negócios nas áreas de saúde, educação, serviços financeiros e habitação.

○ **2006**
Estabelecimento do Estatuto Nacional da Microempresa e da Empresa de Pequeno Porte.

○ **2007**
Formação da Rede Nacional para a Simplificação do Registro e da Legalização de Empresas e Negócios (Redesim), visando simplificar a maneira de legalizar uma empresa.

○ **2008**
Yuri Gitahy monta a Aceleradora, que se tornou a primeira aceleradora de startups no Brasil, inspirado na aceleradora Y Combinator dos Estados Unidos.

○ **2008**
Criação e regulamentação do Microempreendedor Individual (MEI).

○ **2010**
Pesquisa da Global Entrepreneurship Monitor (GEM) aponta que Brasil é o maior na Taxa de Empreendedores em Estágio Inicial (TEA).

○ **2010**
É realizado o primeiro Startup Weekend no Brasil.

○ **2011**
Fundação da Anjos do Brasil, entidade que difunde a ideia e conhecimento sobre o Investimento-anjo para todo o país.

○ **2011**
É fundada a 21212 no Rio de Janeiro. A aceleradora 21212 tem escritórios em Nova York e no Rio de Janeiro e busca startups em estágio de validação de hipóteses e desenvolvimento do produto.

○ **2011**
Criação da Abstartups.

○ **2011**
A Startup Farm nasce e sua sede fica na capital paulista. A aceleradora acolhe desde startups que estejam iniciando até mais maduras.

○ **2012**
Em junho de 2012, surge a startup 99 Táxi e, quase seis anos depois, a 99 tornou-se oficialmente o primeiro unicórnio brasileiro.

○ **2012**
ACE (antiga Aceleratech) é fundada em agosto de 2012 por Mike Ajnsztajn e Pedro Waengertner, dois empreendedores seriais após a venda de sua última empreitada (Zuppa) para o Peixe Urbano.

○ **2012**
O Start-Up Brasil é lançado com o objetivo de ser um grande programa de aceleração de startups do país e trata-se de uma iniciativa do governo federal.

○ **2013**
Acontece o 1° Congresso de Investimento Anjo na sede da BM&FBovespa, em São Paulo.

○ **2013**
Nasce a primeira iniciativa de um governo do estado: o programa de apoio a startups SEED do governo de Minas Gerais.

○ **2014**
Realização do primeiro CASE (Conferência Anual de Startups e Empreendedorismo) pela Abstartups.

○ **2015**
O Cubo Itaú, em parceria com a Redpoint eventures, é criado no final de 2015 na capital paulista. Um espaço, físico e digital, para criar conexões e gerar valor entre empreendedor e investidor, grandes empresas, universidades e outros empreendedores. Atualmente é reconhecido como o maior hub de inovação da América Latina.

○ **2015**
É registrada pelo Sebrae a maior taxa de empreendedorismo no país: 39,3%. De acordo com os dados divulgados, 52 milhões de brasileiros com idade entre 18 e 64 anos estavam envolvidos na criação ou na manutenção de algum negócio.

○ **2015**
É fundada a Liga Ventures, pioneira no mercado de aceleração corporativa e corporate ventures.

○ **2015**
Nasce a aceleradora Darwin Startups, em Florianópolis, com o objetivo de investir financeiramente e contribuir com mentorias e networking para o desenvolvimento de projetos inovadores. Esta que vem a se tornar, por duas vezes, a melhor aceleradora do país.

○ **2016**
Lançamento do primeiro Censo Brasileiro das Startups, pesquisa realizada para levantar dados sobre a expansão dessa modalidade de negócio.
Desde 2016, temos o Google for Startups em São Paulo, com seu 6º Campus e o primeiro na América Latina. O espaço, voltado para profissionais criativos e empreendedores, conta com espaço de coworking aberto, eventos e programas de capacitação para residentes e não residentes e conexão com os outros campi da rede.

○ **2017**
Lançamento do projeto Jovem Empreendedor Primeiros Passos (JEPP), o qual se propõe a ensinar empreendedorismo nas escolas.

○ **2018**
Startup Summit SC: evento realizado pelo Sebrae em parceria com a comunidade de SC que nasceu para ajudar a melhorar o mercado.

○ **2019**
Realização da 6ª edição do CASE, que reuniu em SP mais de 12 mil participantes de todas as regiões e estados do Brasil.

Também em 2019, alcançamos o número de onze unicórnios brasileiros.

Através da cronologia apresentada, fica fácil perceber que, nos últimos anos, todas as iniciativas, entidades e eventos criados foram e são fundamentais para que o ecossistema fosse, de fato, criado e para que ele se tornasse mais forte e organizado. É importante ressaltar ainda que selecionei alguns fatos e marcos importantes para o ecossistema como um todo, mas é claro que não representa a totalidade de ações e iniciativas espalhadas pelo país, afinal, são muitas e todas são e foram fundamentais para chegarmos ao número de onze unicórnios.

Empreender definitivamente não é uma tarefa fácil. É preciso, antes de tudo, acertar as expectativas e entender, pelo menos na teoria, os desafios que serão recorrentes no dia a dia. Com a prática e os erros do passado, o que percebemos é que no Excel tudo é lindo e promissor, mas, no mercado, as coisas podem ser muito diferentes das projeções. Como o Amure Pinho costuma falar, fazendo uma analogia, "podemos dizer que empreender no Brasil ainda é subir numa escada rolante ao contrário". Isso porque vivemos em uma montanha-russa, em um país repleto de desigualdades econômicas, sociais e culturais, além de burocrático.

Para quem deseja empreender, é preciso estar preparado financeiramente também. Hoje sabemos que o retorno é a longo prazo, quatro ou cinco anos para começar a gerar receita ou pensar em um *exit* ou até mesmo num IPO. Por mais que empreender esteja ligado aos sonhos e propósito de quem o faz, o mercado é o juiz, é quem vai dizer se sua solução é boa ou ruim. Para alcançar o sucesso, é preciso entender também que o modelo de negócios e a flexibilidade que uma startup tem e a chance real de *pivotar*, buscar novos caminhos, traçar novas estratégias e arrumar a casa para crescer é uma enorme vantagem em relação a um negócio tradicional.

Por fim, empreender é aprender a surfar com quem sabe surfar. São os mentores, *advisors*, investidores, quem você precisa ter do lado. Ninguém deve se jogar no mar sem saber o que vai enfrentar ou então certamente morrerá afogado.

Nos últimos sete anos, o ecossistema passou por um processo de amadurecimento muito forte dos dois lados. Tanto o empreendedor quanto o investidor entenderam seus respectivos papéis. Empreendedores começaram a estudar mais e preparar melhor suas estratégias e negócios para enfrentar o mercado. Descobriram que, para escalar e construir uma startup com potencial, seria preciso montar um time competente e eficiente. Muitos entenderam na prática que um amigo deve continuar sendo seu amigo e não seu sócio ou colaborador. Não é seu primo que está na faculdade que deve desenvolver seu site ou criar sua logo, pois situações assim só atrapalham e atrasam todo o processo. Um bom time é composto por visões complementares, feedback rápido, duro e eficiente. Ou seja, o profissionalismo e a capacitação passaram a ser prioridades na hora de empreender.

Por outro lado, os investidores entenderam também que não se trata apenas do dinheiro, mas de mentoria, conexões, participação em decisões estratégicas importantes e acompanhamento constante do negócio. Os investidores em startups que são chamados de anjos também estão num processo de amadurecimento contínuo e mudança de *mindset*. São curvas de aprendizado que só fortalecem o ecossistema como um todo e quem ganha é o Brasil.

Apesar de estarmos "engatinhando", especialistas dizem que leva em torno 20 a 25 anos para um ecossistema se consolidar de fato. No entanto, não existem dúvidas de que estamos no caminho certo como mostrado acima. Já tivemos destaques mundiais e os primeiros unicórnios "made in Brasil". Entramos para o seleto grupo de países com startups com valor superior a US$1 bilhão. Mas o governo ainda não entendeu que o apoio e estímulo ao empreendedorismo no país é feito de forma bem modesta, de longe e sem entender muito a força e o potencial do nosso ecossistema.

É claro que ainda há muito o que fazer, mas o mais importante é começar. Assim como a atuação da mídia nacional, que ajudou e muito a popularizar palavras tais como inovação, empreendedorismo, tecnologia, investimento-anjo, startup, entre tantas outras que compõem o vocabulário dos empreendedores. É evidente que, quanto mais falamos sobre isso e desmistificamos alguns medos e erros comuns, além de disponibilizar conhecimento relevante, construímos novas pontes e aproximamos investidores, por exemplo, ao destacar iniciativas e o que tem sido feito, o que faz com que a roda gire mais forte e nos tornemos mais representativos.

Tudo o que é novo causa estranheza e é natural que passe por um processo de evolução contínuo, erros e acertos, até se encontrar o equilíbrio. Até pouco tempo atrás, as ruas não estavam pavimentadas. Os primeiros desbravadores precisaram capinar, desviar dos buracos, criar e indicar as melhores trilhas para chegar ao topo. Todo esse movimento retratado até aqui fez com que o ecossistema no Brasil ganhasse forma e se tornasse acessível a todos. Hoje as estradas já foram criadas e o topo não é mais "impossível" de vislumbrar. A população já adotou as startups no dia a dia e atualmente vários negócios já fazem parte da vida de milhões de brasileiros. A fotografia real que encontramos hoje é de um ecossistema que já conseguiu se provar e agora caminha para crescer, mostrando todo seu valor e potencial, assim não é preciso mais comprovar nada para ninguém.

Vivemos a era da exponencialidade, mas ainda falta muito trabalho a ser feito. Um dos maiores desafios ainda é aproximar as escolas e universidades que estão começando a implantar o empreendedorismo em seus currículos, por exemplo. Deu-se início à fase de oportunidades, os próximos anos são promissores e teremos, com toda certeza, comunidades ainda mais fortes, novos casos de exits e unicórnios. Hoje sabemos também qual o perfil do empreendedor brasileiro, quais suas perspectivas sobre o ecossistema e o que precisa ser aperfeiçoado.

Um estudo realizado em 2018 liderado por mim e pela **Luiza Zambrana**, pela Abstartups, em parceria com a Accenture, líder global em soluções e estratégia de negócios, apontou como estamos e, de certa forma, aonde podemos chegar. São destaques desta radiografia:

- 73% das startups mapeadas estão entre as dez maiores comunidades.
- 41% das startups ainda estão buscando por tração.
- 44% operam com modelos de serviços (SaaS).

Números como esses nos ajudam a entender vários gargalos que precisam ser trabalhados, como, por exemplo, o fato que o processo de descentralização é de extrema importância para o desenvolvimento de inovação no país. Quando todas as "pontas" se unem, o resultado é mais representatividade, poder de conexão e visibilidade para as startups!

O sonho de ser uma Associação Brasileira de Startups

Até aqui apresentei uma série de iniciativas e esforços para fomentar e fortalecer o ecossistema de startups do Brasil. E eu não poderia deixar de destacar o trabalho realizado pela Associação Brasileira de Startups (Abstartups), que foi fundada em 2011 com o objetivo de construir o ambiente ideal para as startups transformarem o país. Foi através da Associação que eu tive a oportunidade de desenvolver o trabalho que descrevi anteriormente e conhecer a fundo nossos empreendedores e comunidades.

Tudo o que fizemos só foi possível através de inspiração, capacitação e conexão. O trabalho foi direcionado para construir pontes de conhecimento e facilitar o acesso a informações, pesquisas e dados, que passaram a ser disponibilizados para todos os envolvidos no ecossistema. A Associação acredita que a inovação, como motor de transformação, será responsável pelas principais mudanças positivas no país em um futuro breve. E eu me orgulho de ter feito parte do início deste movimento que não para de crescer e evoluir.

Há exatos oito anos já era sabido que as startups desempenhariam um importante papel no desenvolvimento do país e na geração de novas oportunidades e empregos. E, sim, estávamos certos e nos tornamos referência no Brasil quando o assunto é startups.

Assim como qualquer uma das startups que a Associação representa, nos últimos quatro anos passamos por um processo interno de reformulação para escalar e alcançar o maior número de novos negócios possível Brasil afora. Em 2011, eram 5 funcionários, agora são 22. Em 2015, o número de startups mapeadas no Brasil era de 4.451. Esse número continuou crescendo gradualmente nos anos consecutivos, mas teve o seu grande boom em 2018, quando atingimos a marca de 10 mil startups. Atualmente, já estamos com 12.800 startups mapeadas em nossa base (StartupBase) e a média de crescimento é de 26,75% por ano. Saímos de 300 para mais de 1 mil associados, e a CASE (Conferência Anual de Startups e Empreendedorismo) que reunia aproximadamente em torno de 2 mil participantes, na última edição passou de 12 mil. Atualmente, a Associação tem mais de 20 grandes empresas parceiras mantenedoras que apoiam o trabalho desenvolvido e ajudam a tornar possível a expansão deste projeto. Uma informação importante de ser ressaltada, a criação do StartupBase só foi possível graças ao investimento e empenho do Maurilio Alberone e do Rafael Carvalho, da Biz Stark. Eles não apenas apoiaram a iniciativa como a tornaram real.

E só alcançamos todos estes resultados porque passamos de uma visão micro para macro do ecossistema como um todo. Sabíamos que era preciso atuar não apenas nos grandes centros e capitais, mas expandir nossa atuação para todas as comunidades que existem no Brasil. Logo depois, num segundo momento, começamos a entender como efetivamente poderíamos ajudá-las e gerar valor para o trabalho que já estava sendo desenvolvido. Automatizamos processos, formalizamos etapas, da ideação para o crescimento contínuo, nos dispusemos a visitar e conhecer esses lugares e assim foi possível começar a fazer parte da vida desses empreendedores e a contribuir para mudá-las.

Para que tudo isso se tornasse realidade, aumentamos o faturamento, buscamos novos parceiros e associados, traçamos novas estratégias, montamos o "time dos sonhos". Preciso, inclusive, destacar e agradecer a cada um de vocês que fizeram deste time uma equipe motivada e que lutou e ainda luta pelos mesmos objetivos em comum: Andre Diamand, Felipe Matos, Newton Campos, Pedro Ramos, Fábio Veras, Amure Pinho, Guilherme Junqueira, Rafael Belmonte, Patrick Negri, Yuri Gitahy, Emmeline Lucena, Vinck Bragança, Mariana Santelli, Lucas Riani, Daniella Obi, Juliana Lima, Luiza Zambrana, Marcos Medeiros, Rosi Rodrigues, Ana Flávia Carrilo, Thiago Melo, Jhenyffer Coutinho, Francisco Antonelli, Scarlett Marinho, Marco Bissi, Cíntia Fernanda, Keyse Veiga, Daniel Fazoli, Pedro Cursi, Guilherme Barreiro, Tania Gomes, Mateus Lana, Marcos Leal, Juliana Santelli, Luana Freitas, Bruna Albuquerque, Gabriela Soares, José Muritiba, Olavo Bevilaqua, Isadora Azzalin, Felipe Cardoso, Alex Silva, Filipe Motoike e André Novelino.

A atuação em nível nacional nos fez ver algumas regiões com outros olhos e muita gente passou a conhecer o nosso trabalho e a usufruir positivamente dele, afinal, este é o objetivo de uma Associação Brasileira, alcançar o maior número de pessoas e impactá-las.

Neste processo, nossos associados foram ouvidos, pois queríamos saber como fazer a diferença para eles também. Foi uma imersão que nos ajudou a definir ainda mais nosso papel perante todos os agentes do ecossistema. Por fim, concluímos que se tratava de dar voz e vez àqueles que até então estavam de alguma forma a margem de tudo que estava acontecendo. Se realmente quiséssemos fazer diferença, teríamos que enxergar e escutar startups, associados, comunidades, investidores, imprensa, governo; era preciso olhar para dentro e agir rápido para acompanhar a efervescência do mercado.

Munidos de informações e abertos ao relacionamento contínuo com quem faz parte desta história, os passos seguintes foram compartilhar:

- INFORMAÇÃO: organizamos a informação sobre o mundo das startups; somos como um hub, pegamos o que acreditamos ser positivo ao ecossistema das startups e divulgamos para que todos tenham acesso à mesma informação e ao mesmo tempo. Afinal, atualmente, existe muita gente falando sobre o tema e isso pode gerar ruído. Então, a Abstartups é uma espécie de guardiã da informação e faz isso de forma institucional. Ou seja, de forma neutra e imparcial, para realmente cumprir com o objetivo de levar a informação real a quem realmente importa, o empreendedor.

- PROMOÇÃO: criamos o maior evento de startups da América Latina, o CASE, no qual os participantes entre CEOs, investidores e empresários, há exatos dez anos, se encontram para fazer negócios e discutir sobre inovação, tecnologia e mercado.

- IMPACTO EMPREENDEDOR: vamos gerar impacto no longo prazo no país. A inovação acontece em qualquer lugar e o ativo do Brasil é a diversidade e a geografia e precisamos levar oportunidade para todos os locais e espaços. E uma das nossas missões é empoderar as comunidades espalhadas pelo Brasil, e assim seguimos: olhando sempre para o próximo nível.

Gerar oportunidades de forma democrática é a maior missão da Associação, além de representar, perante a sociedade e o poder público em todos os seus níveis, os interesses das empresas nascentes de base tecnológica e de inovação. Note que atualmente o problema das startups não é mais falta de difusão sobre o tema como era anos atrás. Para que elas se desenvolvam é necessário um ambiente adequado com comunidades e mais mobilização. É preciso mais educação empreendedora e um ecossistema conectado disposto a se ajudar e dar exemplos.

Em suma:

- A Abstartups cria oportunidades através de encontros entre startups e outros stakeholders.

- Reúne mais de 12 mil startups segmentadas por momento, modelo de negócio, mercado, entre outras categorias, e disponibiliza informações sobre os Founders.

- Foram realizados mapeamentos de comunidades espalhadas por todos os estados do Brasil, analisando pilares como Talentos, Cultura, Densidade e Diversidade, Acesso a mercado, Capital e Ambiente regulatório e, claro, Liderança.

- Radiografia do Ecossistema Brasileiro de Startups.

- Produz e difunde estratégias, técnicas e conteúdo para startups de todos os níveis.

- Promove debates sobre startups nos três setores: público, privado e sociedade civil.

- Oferece mentoria para te ajudar a superar os desafios que estão travando sua startup.

- Realiza o Startup On, evento itinerante que leva um dia de conteúdo e networking.

○ Ajuda startups a crescer oferecendo desconto em softwares e serviços estratégicos.

Uma Associação gerida e formada por empreendedores, e isso significa que também sentimos na pele as grandes dificuldades e obstáculos de criar uma startup. Transformamos esse conhecimento em ação e criamos programas capazes de ajudar startups de todo país. Cada associado nos ajuda a tornar o ecossistema de startups mais forte, com mais representatividade, informação e ações de fomento distribuídas pelo Brasil.

Na prática, conhecemos as dores que os empreendedores enfrentam no dia a dia para conduzir seu negócio, que vão desde a necessidade de conteúdo de qualidade a uma interação com outros empreendedores do mesmo nível para trocar experiências. Um ecossistema maduro precisa ser colaborativo para que ele seja próspero e é por isso que você está com este livro em mãos.

Hoje a Abstartups é referência. O grande desafio daqui para a frente é atingir a meta, que é, em 2035, representar 5% do PIB brasileiro. Para isso, o trabalho deve continuar em ritmo acelerado e a ideia é aperfeiçoar o bom trabalho que já vem sendo feito e proporcionar um ambiente ainda melhor para os empreendedores.

Para ter acesso aos números sempre atualizados e conhecer mais o trabalho da Abstartups, bem como o StartupBase e o Programa de Comunidades:

Entenda a sua comunidade

Como foi possível constatar até aqui, o maior desafio hoje é fortalecer e acompanhar as comunidades que estão espalhadas pelo Brasil. Primeiro porque atuamos em um país com dimensões continentais, rico em sua diversidade cultural e que tem aprendido a importância de compartilhar para crescer. E, diferente do que muitos ainda pensam, as comunidades não se formam apenas por grupos ligados à tecnologia. Existem várias comunidades que são formadas por designers, por profissionais do marketing e assim por diante. E, de forma geral, o Sebrae é o maior parceiro desses grupos, independentemente da região em que estão.

O fato é que o mapa das startups está se descentralizando no Brasil, com histórias de sucesso em localidades que fogem aos cinco centros que mais reúnem companhias novatas de tecnologia: São Paulo, Rio de Janeiro, Belo Horizonte, Florianópolis e Recife. Perceba que é natural que grandes centros recebam mais atenção. O problema é que, com o passar do tempo, o custo de extrair a inovação nessas regiões vai ficando cada vez mais alto e o ambiente, mais competitivo. Por isso é importante olhar para outros lugares. Sem contar que neste processo em que vivemos de transição pós-pandemia em função do Coronavírus, inúmeras empresas adotarão o trabalho remoto, o que, consequentemente, gerará ainda mais integração e oportunidades para os mais diversos profissionais e possibilitará que pessoas possam trabalhar e construir seus negócios de qualquer lugar do Brasil.

Por isso, surgiu a ideia de realizar um mapeamento das comunidades. Para dar visibilidade para comunidades que antes não apareciam no radar, principalmente dos investidores. Além disso, é um esforço para promover essa "interiorização", e entender onde estão as startups, como essas empresas se organizam e como está o entorno delas. É o chamado ecossistema, que inclui investidores, instituições de ensino, órgãos de fomento, entre outros agentes.

O Plano de Comunidades é composto por uma série de iniciativas, pesquisas, visitas e acompanhamentos a comunidades empreendedoras de todo o Brasil, como você verá adiante. Para criar um plano para desenvolver a sua comunidade, o primeiro passo para implementação é entender em que momento o ecossistema está e o que ele pode fazer de efetivo para evoluir. Assim, é possível classificar arquétipos de comunidades, ou seja, pontos de convergência entre diversas comunidades que possibilitem enxergar um modelo padrão. A partir dessa classificação, será possível identificar problemas comuns a várias comunidades e propor soluções comuns a todas elas (o que torna as soluções escaláveis e replicáveis em mais de uma comunidade).

Antes de começar a rodar pelo país, imaginei encontrar histórias ricas e estimulantes, afinal, no Brasil o que não falta é criatividade e disposição na hora de empreender. O que mudou em relação a esse ponto de vista inicial foi o conhecimento das particularidades de cada região/comunidade, mas quanto ao primeiro ponto eu estava certo: somos um país cujo povo tem orgulho em pertencer e fazer a diferença. Comecei, então, a aprofundar em cada comunidade para entender o panorama e como poderíamos atuar ali e contribuir efetivamente com o trabalho que eles já estavam realizando.

No norte do Paraná, por exemplo, descobri que Londrina e Maringá, duas cidades grandes e independentes, resolveram se juntar e formar uma única "marca" com o intuito de acelerar o desenvolvimento da região e "brigar" com os maiores no cenário nacional. Neste cenário, Pato Branco e Ponta Grossa também se destacam. Em São José dos Campos, verificamos que o potencial tecnológico é altíssimo em função do Parque Tecnológico da cidade e pela proximidade geográfica com o ITA (Instituto Tecnológico de Aeronáutica). E, assim por diante, é interessante destacar que depois que começamos a trabalhar com as comunidades, percebemos que elas passaram a se preocupar com a organização/estruturação. Nenhum trabalho tinha sido feito até então com tamanho impacto e abrangência. Vários lugares se mobilizaram e através dos cases de sucesso e começaram a mudar sua forma de pensar e agir. Aproveitaram o momento que tiveram na mídia, o material disponibilizado por nós. Eventos recorrentes, ou seja, para funcionar de verdade uma comunidade precisa estar aquecida com tudo "rodando" para gerar os resultados esperados.

Quando analisado o desenvolvimento de forma macro e por região, não é difícil entender por que o Sudeste ainda é a região mais desenvolvida e Nordeste menos. A explicação objetiva é que se trata do centro econômico do país e que reúne a maior concentração/movimentação econômica. Já o Norte enfrenta desafios em diferentes frentes que passam pela distância geográfica dos próprios pontos da região, aspectos econômicos, investimento local, infraestrutura menos atrativa, entre outros que serão aprofundados, mas isso não quer dizer que não tenha destaques. Manaus é bem expressiva, por exemplo. Rio Branco, Macapá, Belém, todos esses lugares estão em contínuo desenvolvimento e contam com parques tecnológicos e apoiadores ligados às iniciativas privadas. Estão ávidos por conhecimento e prontos para se fortalecerem perante o cenário nacional. E, sim, eles têm muito o que mostrar!

Em minhas viagens e descobertas, constatei que todas procuram usar exemplos para se tornar comunidades aquecidas. Trocas de experiências constante, existe uma busca por eventos, palestras de fora, o interesse em cadastrar a comunidade no StartupBase, são verdadeiros hubs de conexões. Eles querem ser vistos. Visibilidade gera novas conexões e abre novas portas.

Dar voz significa empoderar, dar chance de mostrar o que merece ser destacado. Tudo isso atrai investimento e gera crescimento, assim, alguns lugares que outrora foram esquecidos deixam de ser invisíveis para assumir papéis de protagonismo. Descobrimos também que muitas dessas startups fazem questão de manter a operação em sua cidade e, quando necessário, implantam o comercial em São Paulo, ou em outro grande centro estratégico para seu negócio.

Na prática, isso significa que esses empreendedores entendem a importância de manter os negócios em sua região de origem para que ela possa ganhar notoriedade e expressão a nível nacional. A comunidade de Fortaleza, por exemplo, representa bem esse ponto ao transmitir a sensação de amizade e "compartilhamento empreendedor" muito grande, característico do Norte e Nordeste. Afinal, para que as startups se desenvolvam, é necessário um ecossistema forte, mobilizado e inspirador. Com atores dispostos a se ajudar para evoluírem juntos.

Conheci também comunidades nada, ou pouco vaidosas, como em Uberaba (MG), onde o protagonismo é para os empreendedores e não para uma "marca" ou selo específico. Eles trabalham para serem reconhecidos como unidade, não como um ou outro case que deu certo. Em Santa Catarina, verificamos startups capitaneadas por pessoas de boa intenção. Não apenas empreendedores, mas grandes marcas já consolidadas e de destaque nacional dão força ao DNA empreendedor de todo o país e alimentam a vocação de valorizar o regional e o seu desenvolvimento.

A verdade é uma só: temos e-mail, redes sociais, o telefone, mas nada ainda substitui o olho no olho. Para fechar com os grandes você precisa mostrar a cara, se expor e fazer muito networking. Mas como posso fazer networking? É simples. Criar conexões é estar onde seus parceiros, concorrentes e clientes estão. Eles estão no palco? Esteja lá também! Em um evento? Então você precisa ir. Vai ficar parado atrás da mesa? Claro que não!

Às vezes você sente que está andando em círculos em vez de conseguir ir para a frente? Faltam novas ideias? Então é hora de ver como os outros estão fazendo e se inspirar. Ampliar seu relacionamento e ter contato com outras comunidades e startups te possibilita conhecer os melhores profissionais de dentro das startups para mostrar como eles fazem vendas, marketing, retenção de clientes, como as grandes empresas estão fazendo negócios com startups, captação de investimento e gestão de produto. Veja de perto as estratégias que movem as maiores startups.

Os founders se ajudam. De forma geral, todos criaram soluções para atender às necessidades da própria comunidade. Isso gera um fortalecimento do ecossistema regional, universidade, Sebrae, governo, mídia, enfim, você aquece e faz com que funcione de forma eficiente e colaborativa. Coerência é fundamental, é a disposição das pessoas e entidades que estão trabalhando duro para tornar a comunidade uma realidade. Não é fazer sozinho e levantar o troféu, mas é unir forças e fazer crescer a região como um todo. É fazer acontecer.

Atualmente, temos mais de cem comunidades ativas espalhadas pelo país. Muitas delas são batizadas com nomes curiosos, que fazem alusão a alguma característica da região. É o caso da Pequi Valley, em Goiás; Caju Valley, em Aracaju; e Red Foot, em Londrina. E o objetivo com este livro é justamente mostrar alguns desses polos e continuar este trabalho nos próximos anos, porque pretendo conhecer e trabalhar com cada uma delas.

A reunião de todos esses dados e informações é inédita no Brasil. A verdade é que até agora existiam poucos números e pesquisas concretas a respeito do ecossistema de inovação, e isso dificulta as ações para promover o ecossistema. Porque é impossível fazer qualquer coisa sem antes entender as dores e os desafios.

Através das visitas às comunidades é possível também identificar os polos de inovação no Brasil, bem como quantas startups existem em cada um deles, se elas já receberam investimento, o perfil do empreendedor de lá. Constatei ainda que existem talentos espalhados em todos os polos de inovação. A evasão de profissionais que se formavam em universidades e iam para as grandes capitais era muito grande até pouco tempo atrás. O fomento à inovação está dando oportunidade para esses profissionais continuarem em suas comunidades, o que contribui para o crescimento do país como um todo.

E é claro que nem tudo são flores, aliás, neste livro busquei ser o mais fiel possível ao retratar a nossa realidade. Temos tudo para desenvolver esses outros centros e descentralizar as oportunidades de forma coerente. A grande riqueza do Brasil é a nossa diversidade. Temos tudo para sermos dez vezes maior que Israel, Reino Unido, ou qualquer outro. O primeiro passo já foi dado, que é identificar quem são essas comunidades e onde elas estão. O próximo é classificá-las por densidade empreendedora, localização, número de startups, entre outras características. A partir daí, é trabalhar para dar condições de escalar. É importante também frisar, desde o começo, que é seu papel empreendedor ajudar a sua comunidade a se desenvolver, visto que uma comunidade não tem dono.

Isso significa trabalhar dentro das comunidades, uma a uma, para identificar os problemas comuns, realizar um mapeamento deles e encontrar a forma de resolvê-los. Uma vez com esses dados coletados, organizados e divulgados, a visibilidade de cada polo será ampliada, dando a oportunidade para que investidores, aceleradoras, imprensa, venture capitals, grandes corporações e academias possam olhar para esses ecossistemas com uma lupa, de forma não realizada antes. Assim, há a possibilidade de um equilíbrio no nível do ecossistema brasileiro independentemente das regiões geográficas. Sem contar que o próprio empreendedor poderá, em posse desses dados e acesso aos exemplos, ajudar a aplicar e desenvolver a sua própria comunidade. Precisa começar pela ponta mesmo, por vocês e vou aprofundar em relação a como fazê-lo mais adiante.

Neste sentido, é válido destacar que os tópicos abaixo foram baseados nos fundamentos (Fostering a Startup and Innovation Ecosystem) criados pela Techstars, plataforma global de investimento e inovação, e que realiza dois dos maiores eventos responsáveis pela disseminação da cultura de empreendedorismo e inovação no país: o Startup Weekend e o Startup Week. Além da tese de doutorado "Um Retrato da Indústria de Venture Capital Brasileira: Fundos Mútuos de Investimento", de Felipe Campos Cresciulo e Andrea M. A. F. Minardi.

O que precisa ser analisado em uma comunidade

1. CULTURA: **este é um dos mais importantes elementos para um ecossistema de sucesso. Podemos observar difusão de cultura empreendedora através de eventos que falem de startups, visibilidade dos cases de sucesso locais e meios para ensino de técnicas de empreendedorismo.**

2. DENSIDADE E DIVERSIDADE: **reunir talento e empresas é um dos fatores positivos para comunidades de sucesso. Identificamos como elementos de densidade a presença de hubs físicos, e locais onde as pessoas possam se encontrar e compartilhar experiências, bem como sua infraestrutura de suporte a empreendedores.**

3. CAPITAL: **este entendimento observa as estruturas locais de apoio financeiro bem como as ações da comunidade para se tornar atrativa para investimentos. A presença de investidores-anjo e fundos de investimentos facilitam no processo de tração de empresas e ajuda na criação e crescimentos de iniciativas.**

4. AMBIENTE REGULATÓRIO: **governos têm o papel de criar um ambiente seguro, estável e que apoie empreendedores em diversas cadeias. Observamos o ambiente regulatório através da facilidade de abertura e fechamento de empresas, leis de redução de impostos e outras iniciativas para financiamento, apoio à inovação e ações de pesquisa e desenvolvimento.**

5. TALENTOS: **a presença de bons talentos é essencial para a criação e manutenção de um forte ecossistema empreendedor. Investir em capital humano é importante tanto para criar e reter a força de trabalho não apenas para o campo de startups, mas para também favorecer a inovação nos negócios de agora e para o futuro.**

6. ACESSO A MERCADO: **relacionamento com grandes empresas e programas de conexão para fora da cidade. Grandes clientes são importantes para o desenvolvimento de qualquer negócio e meios que facilitem isso são sempre bem-vindos.**

Informações importantes:

○ As comunidades apresentadas neste livro foram escolhidas para ilustrar o que estou falando, ou seja, para mostrar o que tem sido feito na prática Brasil afora.

○ Todas as informações reunidas em cada capítulo são resultado das observações, pesquisas e entrevistas com membros das comunidades.

○ Para não deixar nenhuma margem para especulações ou dúvidas, as primeiras comunidades visitadas foram escolhidas de forma estratégica para dar início a este trabalho que será muito mais abrangente. Isso significa que não privilegiei nenhuma comunidade em específico em detrimento de outra, mas apenas escolhi por questões de logísticas, principalmente. Como mencionado anteriormente em outras passagens deste livro, meu objetivo é visitar, conhecer e mapear *todas* as comunidades que fazem a diferença e estão espalhadas pelo país.

Você notará que adotei um padrão para apresentar as informações basicamente seguindo a ordem de desenvolvimento dos seis tópicos apresentados acima. No entanto, é importante deixar claro que cada comunidade analisada tem suas particularidades e encontrei um cenário diferente a cada visita. Isso significa que, apesar de existir um padrão, eventualmente nas próximas páginas e entre uma comunidade e outra, você poderá encontrar informações complementares ou curiosidades que merecem ser destacadas e que sejam relevantes para entender o contexto apresentado.

Meu objetivo é fazer com que este material possa contribuir para que você passe a enxergar as startups brasileiras e as diversas iniciativas espalhadas pelo Brasil com outros olhos e passe a acreditar na possibilidade real de um futuro melhor.

Dadas todas as informações necessárias e feitas as introduções cabíveis, chegou a hora de pôr a mão na massa. Nos próximos capítulos vou te mostrar como construir uma comunidade ou melhorar a sua.

Deseja saber como você pode ajudar sua comunidade?

Cultura

Existe uma ideia predefinida no mundo corporativo e que norteou o mercado desde a sua criação de que as empresas devem se digladiar em busca do cliente. Dentro desta mentalidade você não pode revelar seus segredos, contar suas experiências e compartilhar conhecimento. Se o fizer, alguém vai utilizá-los para destruir o seu negócio. No mundo das startups, essa ideia ficou ultrapassada. Para se fortalecerem, os empreendedores enxergaram que é preciso construir um ecossistema forte, em que todos se ajudam para crescerem juntos.

A palavra ecossistema é um termo que deriva das ciências biológicas, e, por definição, é um conjunto de comunidades que vivem em um determinado local e interagem entre si e com o meio ambiente, constituindo um sistema estável, equilibrado e autossuficiente. Por isso, a palavra se encaixou tão perfeitamente para descrever o mundo das startups, afinal, diversos agentes estão envolvidos nesse meio com pensamentos, vontades e objetivos diferentes. Entretanto, existe algo em comum: todos querem que as empresas ganhem tração, escalem e cresçam. São pessoas que saem da zona de conforto e buscam melhorias para o seu entorno. Os agentes são: as próprias startups, incubadoras, aceleradoras, agências de comunicação, fundos de investimento, mídia especializada, universidades, cursos especializados, investidores-anjo.

O ecossistema de startups se tornou, nos últimos anos, um assunto recorrente. Sempre há alguém falando a respeito ou perguntando para saber mais sobre o assunto. Uma comunidade empreendedora é claramente composta por vários agentes diferentes, vemos que colaboração, infraestrutura, networking e eventos, mão de obra qualificada e capacitação, ciclos completos e investimentos, são os pontos mais lembrados pelos empreendedores, que também são um dos agentes mais importantes dessa complexa equação.

Para existir uma comunidade saudável é necessário haver um lugar. Quando dizemos lugar, não é uma associação, uma ONG ou nada parecido. Eu me refiro a uma cidade ou região, literalmente falando. Uma cidade de menor porte quase sempre sai ganhando quando ela possui a infraestrutura mínima para serem desenvolvidas startups. Cidades menores são mais aconchegantes, costumam ser mais hospitaleiras, o custo de vida é mais baixo e as pessoas tendem a ser mais amigáveis. Por esse lado, uma cidade com menor dimensão pode ter um encaixe melhor para o desenvolvimento de um ecossistema de startups.

Alguns pontos podem parecer "insignificantes", mas são bastante relevantes e contribuem muito. Uma cidade arborizada, limpa, com boas praças, melhor qualidade de vida, com trânsito menos caótico e clima ameno pode ajudar bastante na retenção de talentos, além de entregar um ambiente mais propício para o desenvolvimento de inovação. Cidades estressantes fazem pessoas estressadas. E pessoas estressadas, em geral, produzem menos, são mais infelizes e acabam menos criativas e/ou inspiradoras no médio e longo prazo.

Isso não significa, obviamente, que grandes centros não funcionam. É fato que megalópoles possuem grandes vantagens. Há muito mais clientes, muitas vezes o ambiente é mais profissional e as chances de se fazer negócios acabam sendo consideravelmente multiplicadas. E isso não é de se jogar fora. Muito pelo contrário. Várias megalópoles oferecem "redutos" que, quando bem explorados, tornam possível desenvolver um ambiente propício para uma comunidade.

Além da capacitação conhecida como formal, uma comunidade forte e saudável precisa de outros tipos de eventos: Startup On, Startup Weekend, Meetups, Hackathons, eventos de áreas específicas acontecendo dentro das próprias startups para o público são elementares. Esse conteúdo riquíssimo prepara novos empreendedores e novos colaboradores para as startups. Além disso, esses eventos contribuem muito para aguçar a criatividade, o entendimento do que é empreender na área de tecnologia e muito mais.

A soma e mescla dos agentes de educação só contribui para o fortalecimento de uma comunidade de empreendedores. Ter boas faculdades não significa ter automaticamente exímios profissionais, mas é um importante fator que contribui para um ecossistema de startups.

Empreendedores precisam fazer o seu negócio acontecer, então colocam o resultado na mesa. Os empreendedores são os grandes líderes de um ecossistema. Jamais o governo ou uma grande corporação serão capazes de liderar um ecossistema e nem devem. Mesmo que queiram, nunca terão a "autoridade" reconhecida para isso. Sempre serão os empreendedores.

E, para que essa liderança seja devidamente reconhecida, é preciso mostrar resultados. Portanto, a primeira e mais importante lição para ajudar a sua comunidade: faça seu negócio dar certo. Se não der certo na primeira tentativa, comece de novo, e novamente e novamente até o resultado aparecer. Quando você começa a emitir NF, começa efetivamente a ajudar sua cidade e a sua comunidade a ter sucesso.

Uma comunidade de empreendedores precisa de empreendedores *fazendo* startups em todos os estágios. Desde o mais incipiente (similar ao que vemos num Startup Weekend), passando por aquelas que já possuem MVP (produto mínimo viável), depois as que já estão com tração, chegando até as que cresceram e servem hoje de exemplo para as novas. Todos os estágios são importantes e, sendo bem sincero, todos precisaram ou precisarão começar em algum momento. Por isso, não menosprezar os que estão começando e não invejar ou praguejar os que já estão um pouco mais adiante faz muita diferença.

Na prática, isso significa que um empreendedor precisa ser um dos mais importantes contribuintes de uma comunidade, o líder. Compartilhar seu conhecimento, ajudar outros, contribuir. Um ecossistema de startups saudável é aquele que empreendedores estão dispostos a ajudar sem pedir nada em troca e também têm humildade para serem ajudados quando necessário. Todos nós temos muito a aprender, sempre. E, não importa o tamanho ou experiência, sempre temos algo de valor para compartilhar.

Comunidades precisam de grupos de pessoas que confiam umas nas outras e que estão dispostas a ajudar umas às outras com transparência e honestidade. Quanto maior uma comunidade, mais grupos de startups devem existir. E quanto mais grupos, mais conexões e sucessos recorrentes. Esta é outra grande lição para desenvolver uma comunidade da maneira certa: quanto mais os empreendedores se ajudam, maiores são as chances dos negócios obterem sucesso.

Além disso, startups precisam ter seu produto consumido. A cultura local se fortalece quando todos compreendem a importância de consumir e incentivar o consumo dos produtos e serviços das startups da sua comunidade e do seu grupo, o que ajuda com que elas deem seu primeiro e vital impulso rumo à sobrevivência e, quem sabe, ao crescimento e sucesso.

Uma comunidade, antes de tudo, precisa ser incrivelmente inclusiva. Embora haja alguma competição entre empresas, especialmente em relação ao talento, a comunidade é definida por um forte senso de colaboração e filosofia de "dar antes de você chegar". Se você contribui, você é recompensado, muitas vezes de formas inesperadas. Ao mesmo tempo, especialmente porque é uma comunidade, torna-se particularmente intolerante aos maus atores. Se você não for sincero, construtivo e colaborador, a comunidade se comportará de acordo e de forma proporcional.

Startups colocalizadas em uma área se beneficiam de "economias externas de escala". As empresas emergentes precisam de certos insumos comuns — por exemplo, infraestrutura, serviços jurídicos e contábeis especializados, fornecedores, grupos de trabalho com uma base de conhecimento especializada — que residem fora da empresa. As empresas em uma área geográfica comum compartilham os custos fixos desses recursos externos à empresa. Compartilhar serviços também é uma boa estratégia para ajudar a reduzir custos e alavancar os negócios. À medida que mais e mais startups em uma área compartilham os custos de insumos especializados, o custo médio por startup cai para os insumos especializados.

Os efeitos de rede operam em sistemas em que a adição de um membro a uma rede aumenta o valor para os usuários existentes. Por exemplo, a internet, o Facebook, o Twitter e o e-mail são exemplos. Esses serviços têm valor com apenas 100 usuários, mas com 100 milhões eles são mais úteis.

Sendo assim, partimos do princípio de que os empreendedores devem liderar a comunidade de startups, os líderes devem ter um compromisso de longo prazo e a comunidade de startups deve ser inclusiva a ponto de receber qualquer um que queira participar dela.

A cultura precisa ser atrativa a ponto de motivar as pessoas, inspirar. Uma comunidade evolui continuamente e essa evolução não pode ser controlada, mas deve ser adotada. Encoraje e apoie novas iniciativas, pessoas e ideias e pense em tudo isso como um aditivo. É um jogo de retornos crescentes com mais coisas boas acontecendo em um loop altamente benéfico.

As melhores comunidades de startups têm limites porosos, ou seja, é aceitável que as pessoas fluam de uma empresa para outra como você, leitor, verá no capítulo de talentos. Faz parte da nova cultura e os líderes conversam entre si e compartilham estratégias, relacionamentos, ideias e recursos. Quando alguém deixa uma empresa para outra, elas não são rejeitadas. Quando alguém se muda para a cidade, eles são bem-vindos. Quando alguém sai da cidade, eles são perdidos e comemorados toda vez que passam por uma visita.

Projeto Startup SC

Um bom exemplo de cultura bem desenvolvida e que funciona é o projeto Startup SC, uma iniciativa do Sebrae Santa Catarina que visa desenvolver e promover empreendimentos inovadores em todo o estado de Santa Catarina. O principal objetivo do projeto é fortalecer as startups digitais a partir da difusão da cultura empreendedora e da profissionalização da gestão de seus empreendimentos com ações de capacitação, inovação e mercado.

No projeto são realizadas diversas ações para todo tipo de empreendedor, desde a pessoa que tem uma ideia e quer iniciar uma startup, até o empreendedor que já possui uma startup e precisa acelerar seu crescimento. Das atividades que o projeto realiza, podemos destacar:

- Promover a capacitação empreendedora das startups digitais.
- Promover o fortalecimento empresarial das startups digitais.
- Contribuir para a formalização das startups digitais.

- Contribuir na ampliação de espaços para o desenvolvimento de novas startups.
- Ampliar a capacidade competitiva das startups digitais.
- Fomentar o empreendedorismo digital em Santa Catarina.
- Prospectar e difundir o conhecimento sobre as melhores práticas em uso aplicáveis às startups locais.
- Contribuir para a sustentabilidade da economia digital no estado de Santa Catarina através do investimento em capacitação das startups que participam do projeto.

Como parte dos desdobramentos do projeto, foram criados ainda o Programa de Capacitação Startup SC, desenhado para apoiar as startups a construir, executar e validar o seu modelo de negócio, atender novos mercados e receber financiamento; e o Programa Capital Empreendedor SC, que é uma iniciativa que visa preparar empreendedores e sócios fundadores de pequenas empresas inovadoras para entender a lógica do investimento de risco, conhecer os principais processos e critérios de decisão dos investidores de risco e estar preparado para se relacionar com eles, além de identificar o investidor e a proposta de investimento que mais agrega valor ao negócio e melhor se adéqua ao momento da empresa. Desta forma, aproxima os investidores cujas teses de investimentos estejam alinhadas com o propósito da empresa.

Lembra a necessidade de se manter uma comunidade vibrante e uma cultura ativa? A importância da realização de eventos para trocas entre empreendedores é fundamental para o sucesso de qualquer comunidade. Em Santa Catarina, através dessas iniciativas citadas acima, projetos e programas, eles realizam com periodicidade Workshop de Empreendedores, Mentorias de Planejamento, Mentoria Comportamental, Circuito de Investimentos, além dos eventos essenciais para o desenvolvimento de qualquer cultura como Startup Weekend e outros.

Além disso, conseguiram desenvolver ainda o maior evento de tecnologia promovido pelo Sebrae em Santa Catarina. O Startup Summit reúne em um único evento uma feira de negócios para startups, um palco com grandes nomes do empreendedorismo nacional e sete trilhas paralelas de conteúdo. São mais de 3 mil participantes entre CEOs, investidores e empresários que se conectam e criam oportunidade de negócios, aprendem sobre empreendedorismo e discutem inovação e tecnologia.

"Em Santa Catarina, mais forte em Florianópolis, começamos a movimentar efetivamente em 2012 e já tínhamos bastante empreendedores neste universo. Talvez tenha sido mais fácil devido à densidade de talentos que já existia na região, empreendedores com capacidade técnica e visão ampla, então posso dizer que nosso trabalho foi relativamente mais fácil nesse sentido. Partimos então para reunir os empreendedores e atuar forte como Sebrae no sentido de organizar o que já existia. Foi num primeiro momento então um trabalho para identificar os empreendedores que poderiam ser os inspiradores, o que é muito importante em qualquer comunidade.

Sempre vai ter um ou outro empreendedor que vai chamar a atenção e é preciso encontrá-los. Depois então de ter os atores bem identificados, o trabalho foi implantar o conceito de comunidade e fortalecer a cultura local. Em um ecossistema geralmente todos os atores estão espalhados trabalhando em prol da causa e comunidade, é algo mais unido, unidade, alinhamento. O Sebrae então os identificou e depois fomos conversar com esses atores para entender nosso papel como entidade no ecossistema e assim criar e fortalecer a comunidade como um todo.

Podemos dizer que, de certa forma, nosso MVP foi em Florianópolis que se estendeu em todo o Estado na sequência. O objetivo principal dos empreendedores é fazer com que seu negócio cresça e apareça, e assim ele já está contribuindo e muito com sua comunidade. Aí entra o trabalho das entidades, sempre evidenciando os empreendedores e seu trabalho, nunca aparecendo mais que eles.

Passamos a realizar então muitos eventos para fomentar a região e apresentar os primeiros empreendedores de sucesso. Em função do Estado já ter uma base tecnológica muito forte desde a década de 1980 e o trabalho que já existia da ACATE (Associação Catarinense de Tecnologia), isso obviamente fortaleceu a região e fez com que se destacasse antes até de muitas regiões no Brasil quando o assunto é tecnologia. Em meados de 2011 apenas, surgiram então os primeiros empreendedores de startups que já tinham como base este cenário favorável. Entre os primeiros, que são hoje as grandes startups apontadas até mesmo como prováveis unicórnios, estão as catarinenses Neoway e Resultados Digitais, da capital, e a Conta Azul, de Joinville. De lá para cá, o ecossistema passou então a se fortalecer e chamar a atenção em função dos resultados.

É importante frisar que empreendedores não têm tempo para criar ou identificar os atores das comunidades que estão nascendo. Este papel, então, teria que ser feito pelas entidades como Sebrae, Endeavor, ABS, Senai, empresas da região. Mapear os empreendedores é o primeiro passo, e identificar os de sucesso que desejam contribuir (porque nem todos estão no momento ou desejam fazê-lo) seria o segundo. Ser mentor, participar de eventos, palestras, tudo isso demanda tempo e disposição que nem sempre está no topo da lista de atividades de um empreendedor.

Com o passar dos anos e consolidação das ações começamos a observar então o "give back", a devolução para o próprio ecossistema ao qual pertence. Com os cases de sucesso, os empreendedores passam a fazer este papel de mentorar os que estão começando, por exemplo. Este ciclo de ação, aprendizado e ajuda passa a ser quase que natural.

Eu me recordo perfeitamente que os primeiros meetups começaram em 2013 com a presença de quarenta, cinquenta pessoas e hoje já alcançamos até mil pessoas. É um processo mesmo, não se cria uma comunidade forte de um dia para o outro, são de quinze a vinte anos de trabalho duro e resultados a longo prazo. Só não pode desistir! Por mais difícil que seja no começo, tem que ter ação, tem que inspirar. Em Santa Catarina existe ainda o associativismo que é muito forte culturalmente, as empresas que se associam em prol de uma causa e se juntam para resolver problemas, não só quando se trata de comunidade de startups.

Para quem está começando, o ideal é ter um grupo de pessoas que precisa vestir a camisa e fazer acontecer. Geralmente empreendedores não têm tempo, como mencionei, mas precisam estar envolvidos fortemente. Então é preciso começar a realizar os primeiros eventos, criar essa rotina. Mapear o core business daquela comunidade, então identificar os atores que podem ajudar. Chamar as empresas que se interessam para unir forças. Identificar o que já foi feito ou falta fazer, não é ego sistema, então todos precisam estar inteirados e se beneficiar com a evolução da comunidade.

Aproximar as universidades dessa realidade, dar voz aos empreendedores. Tem muitos empresários que estão buscando a inovação e isso ajuda, independentemente do seu foco ou propósito futuro. O ideal é mobilizar para fazer com que a região cresça e que a empresa evolua junto, por isso é preciso identificar os atores. O mais importante é ter os cases que contribuem muito para inspirar novos empreendedores. O resto é muito trabalho a longo prazo. Não é um modelo facilmente replicável porque cada região e comunidade tem suas particularidades. Cada local tem sua vocação e a comunidade precisa identificar qual é a sua e aplicar, pivotar, é como criar uma startup. Tem o momento de ideação, validação, escala, de adequação, é a mesma sequência. Cada lugar precisa achar a sua forma de fazer dar certo."

Alexandre Souza, coordenador do projeto Startup SC

Como Fazer

1. **Ação**

   Hackathons, por exemplo, encorajam de forma orgânica a construção de uma cultura e colaboração dentro de uma empresa sem a necessidade de uma guia diretiva de cima para baixo (hierarquicamente). Isso é crucial, porque cultura não é apenas algo que você pode prescrever e pronto. A partir do momento que os times começam a se encontrar e colocar suas ideias para fora, isso reforça a importância de agir com priorização e lembra também que veteranos e novatos podem mover-se rápido e construir coisas conjuntamente.

   Outra boa dica é a realização de meetups, afinal, um dos melhores jeitos de se encontrar cofundadores e time técnico é em uma situação informal e em um meetup geralmente as pessoas conversam de pé, facilitando a circulação e o networking. Nada de ficar sentado ou tímido em um canto. A ideia vem do Vale do Silício, em que eventos como esse são tão comuns quanto um happy hour.

2. **Empatia cria velocidade**

   O autogerenciamento orgânico resulta em pessoas de a toda empresa conhecendo novas pessoas e construindo conexões que eles jamais fariam em outra realidade. À medida que esses times multifuncionais trabalham juntos, pessoas se conhecem melhor e também passam a construir amizades enquanto desenvolvem um entendimento bem melhor e mais aprofundado a respeito do que outros times e pessoas fazem dentro da empresa. É essa exposição que constrói os laços sociais que produzem confiança e empatia, além de criar caminhos alternativos de compartilhamento de informação que fazem empresas serem mais rápidas e ágeis em fazer as coisas acontecerem de fato.

3. Apoio

Fornecer apoio de pares tangível aos fundadores que constroem empresas bem-sucedidas e de alto crescimento, tanto por meio da educação em tópicos relevantes quanto por meio de pequenos grupos de apoio de pares.

4. Ambiente favorável

É necessário que o ambiente seja propício para tal. Faculdade não faz bons profissionais, mas dá subsídios para que eles surjam. O melhor exemplo disso é como a Universidade Stanford foi importante para o impulsionamento do Vale do Silício. Em 1955, Frederick Terman se tornou reitor de Stanford e criou uma cultura empreendedora, na qual alunos e professores eram estimulados a montarem suas empresas. No Brasil, muitas instituições públicas são grandes centros de pesquisa e inovação. Não por acaso, muitos dos ecossistemas que deram certo por aqui também estão próximos de grandes instituições de ensino.

5. Inspiradores

Os empreendedores são os principais agentes nesse cenário — não a mídia especializada, aceleradoras, incubadoras ou fundos de investimentos. Por meio da troca de conhecimentos e iniciativas, eles farão uma cidade se transformar em um grande centro para empreender fomentando uma comunidade pensante e colaborativa.

6. Criar e participar de eventos

Todo empreendedor deveria participar de eventos. Por quê? Eles são espaços para compartilhamento de ideias, novos negócios e parcerias que podem ser duradouras. Nesses lugares, você encontra inovações e pessoas que estão transformando o mundo em que vivemos e não apenas o mercado. É o momento de aproveitar e ter alguns insights para aplicar no seu negócio. Os eventos oferecem palestras com conteúdo rico de quem está empreendendo há um bom tempo e está disposto a compartilhar todo esse aprendizado. São pessoas que passaram pelo mesmo que você pode estar passando naquele momento, te ensinando o caminho das pedras.

7. A evolução contagia

Se em um ecossistema de startups alguma empresa cresce, é bem provável que todas ao seu redor se beneficiem junto. Startups tendem a contratar de outras startups e, com uma evoluindo, o serviço prestado melhora também. Ao mesmo tempo, aquele ecossistema tende a ficar mais atrativo para investidores. Afinal, se em algum lugar surge um case de sucesso, é bem provável que outras empresas possam surgir dali. E, por fim, aumenta o número de pessoas capacitadas dispostas a compartilhar o conhecimento adquirido e ajudar a nortear o futuro. Todo mundo acaba se ajudando! Assim, o sistema fica mais equilibrado, estável e autossuficiente.

8. Cases de sucesso

Os cases de sucesso aumentam as discussões em torno do tema e o que se nota é que, cada vez mais, surgem iniciativas que buscam agregar startups, reunir empreendedores e gerar awareness sobre o assunto por meio de eventos e atividades relacionadas.

9. Concentração local

A concentração de startups em uma área permite ganhos de escala externos a elas e este é o aspecto econômico da concentração, ganhos relacionados à infraestrutura, ambiente regulatório (burocracias e taxas), presença de serviços especializados de advocacia e contabilidade, acesso a capital (investidores), concentração de talentos (universidades) etc. Assim, empresas concentradas em uma localização ratearão os custos da existência dessa infraestrutura, gerando ganhos de escala, o que potencializa o crescimento dos participantes desta região ou comunidade.

10. Diversidade

Finalmente, do ponto de vista demográfico, pessoas de alto potencial, criativas, inventivas e com grandes quantidades de informação pretendem viver em locais de alta qualidade de vida, onde exista uma cultura de tolerância ao diferente e às novas ideias, e, mais importante, cercado de pessoas que se pareçam com elas. Isso justifica o adensamento em torno de regiões geográficas. Nesse sentido, é papel do público legislar sobre a diversidade e apoiar o trabalho das instituições de ensino, de tal forma a suportar a existência de ambientes diversos e com valores positivos para o crescimento das comunidades.

""
A cultura devora
a estratégia no
café da manhã.

Peter Drucker

Densidade e Diversidade

Empreendedorismo não segue fronteiras geográficas, mas tem a ver com inclusão, protagonismo e infraestrutura para que os empreendedores possam se encontrar, como mencionado no capítulo anterior. Um ecossistema de startups é composto por vários agentes diferentes, como você leitor também já sabe, isso simplesmente significa uma coisa: para que uma comunidade de startups exista e seja próspera, cada pessoa precisa sair da sua zona de conforto e fazer a sua parte. É incrivelmente simples assim. Em vez de ficar reclamando que o vizinho não faz, faça você a sua parte. Sem isso, o ecossistema jamais funcionará com saúde. Um ecossistema de startups se resume a isso: pessoas que fazem.

O que impede uma startup de se expandir para outra cidade? Nada. Se você quer manter e atrair você precisa continuar melhorando continuamente. Não tente ganhar à custa das comunidades de startups vizinhas. Isso vai sufocar o crescimento do ecossistema de startups. Faça uma abordagem de rede e conecte sua comunidade de startups com as vizinhas, esse é o caminho.

Ter uma cultura de aversão ao risco, preocupado em investir seu tempo em algo que não tem impacto? Arrisque, mas dê limite ao seu tempo. Se não vai a lugar nenhum depois de alguns meses, mude-o ou mate-o. Temendo a rejeição dos líderes da comunidade de startups? Deixe ir. Se sua iniciativa não funcionar, tente outra. Construa uma reputação por experimentar coisas, coletar dados, dinamizar e melhorar.

Se um empreendedor falhar e queimar pontes na descida, solte-as e abrace-as. Ele aprendeu muito. É uma maneira de incentivar os empreendedores a assumir riscos. Na sua cidade ou região, onde os membros da comunidade podem interagir profundamente em um ambiente informal? Semelhante ao conceito de um professor se disponibilizando por algumas horas todas as semanas para estudantes que querem se encontrar com ele, um dia por mês, escolha um dia e anuncie que você passará quinze minutos com alguém. Dê abertura a pessoas que se referem a você. Ou apareça em um café na mesma hora toda semana por uma hora, e deixe alguém se juntar a você.

Durante o fim de semana inicial, promova um evento que chame atenção, além de encontros com empresários, investidores, estudantes e mentes curiosas em um ambiente social informal. Um boletim informativo semanal por e-mail sobre eventos que estão acontecendo em sua área ajuda a fomentar e manter informados os agentes do ecossistema e pode ser uma boa ideia para alinhar e engajar os membros que dividem a mesma localidade.

Varie as datas e horários do evento e estimule o desenvolvimento de novos negócios dentro das universidades. Programe eventos, online ou offline, durante uma única semana. As universidades são de extrema importância para o desenvolvimento econômico, assim como os laboratórios de pesquisa, programas de empreendedorismo e escritórios de transferência de tecnologia. Os estudantes são novos a cada ano, alguns serão empreendedores, alguns trabalharão para startups. Todos eles trazem novas ideias e novas perspectivas.

Lembre-se de que identificamos como elementos de densidade a presença de hubs físicos e locais onde as pessoas possam se encontrar e compartilhar experiências, bem como sua infraestrutura de suporte a empreendedores. Alguns eventos e encontros podem ser realizados nesses locais também.

Nesse sentido, existe um movimento expressivo das grandes e tradicionais empresas que, seja para renovar e modificar processos internos ou melhorar a experiência de seus clientes, almejam incorporar pensamentos, atitudes e até mesmo a cultura das startups. Para ajudá-las nessa transformação, surgem diversas iniciativas — vinculadas ou não a essas companhias —, as quais não somente se constituem como células de inovação do negócio, como também fomentam o contato e inter-relação entre startups, investidores e grandes corporações.

Alguns exemplos espalhados pelo Brasil e resultado deste movimento fora de São Paulo, como Cardume de Manaus, Acate em Florianópolis (eleita campeã como melhor hub nos últimos dois anos), e Eureka em Uberlândia, merecem destaque. Além deles, podemos citar também:

- CUBO: o hub tem como principal objetivo conectar empreendedores, grandes empresas, investidores e até mesmo universidades. Por meio de infraestrutura, networking e conteúdo de educação empreendedora, o Cubo foi concebido como um local para discussão sobre novas tendências em tecnologia, inovação, modelos de negócios, formas de trabalhar e como desafiar os padrões estabelecidos.

- DISTRITO: o hub tem como principal objetivo ajudar empreendedores a obterem sucesso, empresas a se transformarem e investidores a gerarem retornos mais consistentes.

- STORMIA: a Seguros Unimed lançou, em 2017, a Stormia como parte da estratégia de inovação e com o objetivo de acelerar a transformação de seu negócio. A célula de inovação reúne uma equipe multidisciplinar que atua nas frentes de redesenho da experiência digital, desenvolvimento de novos negócios e parcerias, na catalisação de projetos e na transformação da cultura da companhia.

- PULSE: hub de inovação criado em 2017 pela Raízen, empresa que une os negócios da Shell e da Cosan, em parceria com a SP Ventures, na cidade de Piracicaba, interior de São Paulo.

- INOVABRA: inaugurado em 2019, o Habitat é um espaço de coinovação do Bradesco onde empresas, startups, investidores e mentores trabalham de maneira colaborativa para inovar e gerar mais negócios.

- OITO: em 2017, a Oi também inaugurou seu hub de inovação e empreendedorismo, o Oito, no Rio de Janeiro. Ele funciona no modelo de parceria e construção de rede com outras empresas e instituições, como o Instituto Gênesis (Instituto de Empreendedorismo da PUC-Rio), Nokia, IBM, Oracle, Amazon Web Services, CPqD, Instituto Nacional de Telecomunicações (Inatel), Senai, entre outras.

- LIVINLAB: Inaugurado no dia 03 de junho de 2016 com o propósito de falar sobre empreendedorismo e inovação de uma forma disruptiva, nasce um projeto colaborativo iniciado pelo Sebrae MS, em parceria com 42 instituições públicas e privadas, que têm como objetivo desenvolver ideias inovadoras, e startups no Mato Grosso do Sul, um grande hub de fomento.

- HUB SALVADOR: Inaugurado em 2018 o Hub Salvador instalado no Terminal Marítimo de Salvador, no Comércio, conta com uma estrutura colaborativa capaz de abrigar até cem startups e oferecer orientação e investimento para essas empresas.

○ **GOOGLE CAMPUS:** o Google apresentou um espaço voltado para empreendedores em São Paulo há pouco mais de três anos, intitulado de Campus Google. Seguindo a tendência mundial, o local conta com salas compartilhadas onde profissionais de startups e interessados trocam experiências inovadoras.

Esses são ambientes propícios a dar acesso e gerar oportunidades de conexão, que são alguns dos fatores mais importantes para os empreendedores. Esses ambientes são compostos por diversas startups, envolvendo grandes empresas, novos empreendimentos, investidores de aceleradoras e incubadoras gerando valor e oportunidade em ambientes que vão além de uns locais compartilhados de trabalho.

Esses espaços que reúnem pessoas com o intuito de criar produtos e serviços transformadores, de certa forma impactando a sociedade trazendo benefícios tanto para os dias atuais quanto para o futuro, são utilizados de forma comunitária e envolvem grandes espaços como cidades com características em comum. Além dos empreendedores poderem utilizar a infraestrutura física dos vários locais para trabalhar coworking e startups, essas cidades devem possuir em comum mão de obra talentosa e criativa, além de apoio dos governantes e incentivo ao empreendedorismo. Para que a ideia dos hubs de startups funcione e prospere, é preciso atenção ao começar a investir nas cidades e regiões escolhidas.

De acordo com o Global Startup Ecosystem Report 2019, a região do Vale do Silício (nos Estados Unidos) continua sendo o melhor ecossistema do mundo para abrir uma startup. Mas isso não quer dizer que não haja diversos polos nos mais diferentes países, inclusive no Brasil, que estão se tornando cada dia mais atrativos.

"Montamos um espaço para aprender um pouco do ecossistema de startups e ver, na prática, como a empresa poderia evoluir em alguns pontos. Sou responsável pelo espaço/aceleradora e acredito que a palavra principal que rege nosso trabalho é colaboração. Esse é o sentimento de todos que estão próximos e de quem faz parte, efetivamente.

Aqui dentro, as startups ficam muito próximas para dividir o conhecimento e até mesmo recursos, como um profissional que atende mais de uma empresa e pula de cadeira para atender duas ou mais empresas diferentes. Então existe uma cooperação que ajuda a evoluir, em todos os sentidos.

Com essa experiência e contato com as startups, percebi que quanto mais leve a gente deixa as coisas, tudo contribui para fluir mais rápido e de forma natural, diferente do que é comum acontecer nas grandes corporações que seguem hierarquias e normas muitas vezes ultrapassadas. Precisamos cada vez mais de agilidade e menos burocracia para ganhar velocidade e isso aprendemos demais com as startups. Costumo brincar dizendo que uma startup pode ser comparada com uma lancha neste mar enorme, uma empresa ou corporação seria um navio.

É fato que toda lancha deseja virar um navio, mas para que isso aconteça ela precisará de gestão e governança, então é uma troca muito rica e constante dos dois universos. As startups têm muito a ensinar, mas também precisam aprender e aperfeiçoar alguns pontos para crescerem, e, quando esse equilíbrio é encontrado, acontece de termos acesso ao mundo ideal ou sucesso. No geral, as startups são muito boas no que fazem, porém precisam aprender muito ainda no campo de gestão. Boa parte dos novos negócios morrem justamente quando começam a crescer, a entrar muito dinheiro e/ou clientes.

É justamente aí que uma empresa tida como tradicional pode contribuir e muito. Veja o nosso caso, a Porto Seguro atua no mercado brasileiro há mais de 70 anos e é uma das maiores seguradoras do país, além de não sermos reconhecidos somente como seguradora, mas como uma empresa de serviços. Atualmente, são mais de 18 milhões de clientes, 13.5 mil funcionários e 33 mil corretores parceiros. A companhia possui ainda mais de 100 sucursais e escritórios regionais em todo o Brasil. Ou seja, uma empresa desse porte tem muito para agregar e contribuir com uma que está nos primeiros estágios.

Na prática, isso quer dizer que as áreas são bem estruturadas e desenvolvidas, tais como compras, jurídico, RH, financeiro, entre outras áreas de negócios. Isso dá total suporte para as startups, pois pegamos o melhor que temos na empresa para ajudar a desenvolvê-las. E faço o contrário também, seleciono as melhores práticas e soluções das startups e aplico em vários setores da empresa.

A Aceleradora Oxigênio é um produto da Porto Seguro e o meu papel é aproximar as startups e apresentar novas tecnologias nas áreas de negócios da empresa. Para se ter ideia do tamanho do grupo, atualmente temos 27 CNPJs dentro da Porto Seguro. E, nesses 4 anos de Oxigênio, foram desenvolvidos oito ciclos e aceleramos mais 40 startups.

Durante esse período, vários cases de sucesso foram desenvolvidos de forma que ambas as partes se beneficiaram. O nosso processo hoje é basicamente impulsionar nossos negócios. Trazer novos olhares, vendas, receitas, agilidade. O maior benefício para startup é ter a Porto como cliente e ter abertura de mercado, maior alcance e potencialização dos seus produtos.

Recentemente a Oxigênio deu mais um passo importante, a criação do programa é equity free. Isso significa que não há mais investimento financeiro em troca de participação societária. Startups de todos os estágios — que estejam ou não captando investimentos — podem participar sem precisar ceder nenhuma participação societária ou propriedade intelectual. Nesse novo momento, teremos o foco 100% em geração de negócios."

Caio Santos, especialista em inovação

No estágio em que estamos hoje no Brasil, o fato é que as grandes empresas têm se aproximado cada vez mais de startups em busca de soluções para problemas e de maior eficiência em seus processos. Não faz sentido falar em fortalecimento do ecossistema de inovação se não investirmos em inclusão. A lógica de que os pequenos e iniciantes negócios podem responder aos desafios de forma mais criativa e eficiente do que os grandes departamentos do mundo corporativo tem ganhado cada vez mais força no mercado.

Como Fazer

1. **Investimento privado:** Como descrito acima, as empresas privadas estão cada vez mais dispostas a entender e se aproximar das startups. Na busca por soluções para seus negócios, consequentemente, essas empresas acabam investindo em estruturas que podem ser bem atrativas para as novas empresas. Então, quer criar um hub em sua cidade ou região? Busque apoio das grandes empresas, mostre a elas o quanto essa troca é rica e pode ajudar a desenvolver a região em que estão.

2. **Incentivo:** Ainda pensando sobre como tornar um hub possível, outra possibilidade dos líderes das comunidades e empreendedores é buscar incentivos financeiros governamen-

tais: o governo da cidade e estado em questão precisam estar dispostos a fomentar financeiramente projetos tecnológicos e de empreendedorismo através de programas e incentivos nessas áreas. Criar um projeto bem fundamentado pode ser um caminho para defender a ideia.

3. **Atrativos ajudam:** Quando você pensa em criar um espaço é preciso considerar também aspectos externos para que ele se torne o mais atrativo possível para os frequentadores. Por isso, deve-se considerar o custo de vida na cidade ou região. Aluguéis, alimentação, transporte, dentre outras despesas que fazem parte do orçamento fixo dos moradores precisam possuir preços favoráveis para manter uma melhor qualidade de vida e trabalho.

4. **Cultura sólida:** Não é uma grande revelação dizer que quanto mais maduro e ativo for o ecossistema, maiores as chances de iniciativas assim surgirem. Ter outras empresas inovadoras ao redor com líderes empreendedores e fomentadores, que promovam eventos de engajamento e possuam uma filosofia de inclusão, contribui efetivamente com esse movimento.

5. **Acesso a serviços:** Além da qualidade de vida que influencia diretamente na qualidade do trabalho, ter acesso facilitado a saúde, educação, sistema de telecomunicação, planejamento urbano, dentre outros princípios básicos de interesse coletivo, parece óbvio, mas faz toda a diferença caso exista uma certa deficiência no setor.

6. **Rede de apoio:** As universidades, incubadoras e aceleradoras são algumas das peças-chaves para que os hubs de empreendedorismo possam acontecer. São essas que ajudam auxiliar as startups, guiando rumo ao sucesso.

7. **Estruturas de incentivos:** Além da inovação aberta, instituições como incubadoras, aceleradoras e investidores-anjo são reconhecidos por impulsionar novos empreendimentos. As incubadoras já são um fenômeno bem estudado na literatura. No entanto, as aceleradoras são um fenômeno recente e em ascensão.

8. **Trocas:** Em um ambiente colaborativo, fica fácil entender por que as trocas de experiências e até mesmo serviços são tão comuns. Se o objetivo de todos é fazer com que o hub cresça e que a comunidade se torne cada vez mais forte, nada mais básico do que elas se ajudarem com o que for possível, desde uma mentoria à indicação de um cliente.

9. **Diversidade:** É também de fácil explicação o fato de que nestes lugares saiam tantas ideias boas e negócios incríveis. Afinal, são inúmeras cabeças que pensam de forma diferente, que têm expertises e conhecimentos técnicos variados, em um único ambiente. De um momento de descontração ou na hora daquele cafezinho podem surgir grandes projetos.

10. **Networking:** Não podemos esquecer a boa e velha conversa que leva a uma indicação ou parceria. Em ambientes compartilhados de inovação é frequente também ver startups organizando reuniões mensais e eventos especiais como hackatons e demonstrações de produtos para outras empresas. Todo esse contato e apresentação, dos empreendedores e dos negócios, ajudam a dar visibilidade à comunidade e à região.

❝❞

A diversidade garante que crianças possam sonhar, sem colocar fronteiras ou barreiras para o futuro e os sonhos delas.

Malala Yousafzai

Por trás das startups mais valiosas do Brasil, há um grupo de investidores cada dia mais experientes e com pouco medo de errar. Reunidos em fundos de investimentos, eles são especializados em garimpar ideias que podem virar negócios bilionários, como Nubank, Movile, Stone, 99, PagSeguro e Gympass, empresas brasileiras que se tornaram unicórnios por ultrapassar a marca de US$1 bilhão em valor de mercado. Desde 2011, quando a onda do empreendedorismo digital começou a decolar no país, eles aportaram quase R$13 bilhões por aqui. Só em 2018, os fundos — chamados de venture capital — investiram US$1,3 bilhão (R$5,1 bilhões): volume 51% superior ao de 2017, segundo dados da Associação Latino-americana de Private Equity e Venture Capital (LAVCA, na sigla em inglês). O montante representou 65% de todos os investimentos feitos na América Latina.

Esse apetite faz parte de um movimento iniciado nos últimos anos por fundos como Monashees, Kaszek, Redpoint eventures, Bossa Nova Investimentos, Valor Capital, 500 Startups, QED Investors, Ribbit Capital, e.Bricks Ventures, DGF Investimentos, entre outros. No geral, na linha de frente desses fundos estão ex-executivos de grandes empresas, diplomatas e empreendedores que venderam seus negócios e são agora investidores.

A lógica de investimento deles é diferente da aplicada por outros fundos de mercado. Com maior apetite ao risco, investem quantias entre R$100 mil e R$300 milhões em várias empresas ao mesmo tempo. Eles sabem que a maior parte delas vai ficar pelo meio do caminho, mas aquelas que "vingarem" vão compensar os fracassos. A venda da 99 para a chinesa Didi, por exemplo, rendeu a investidores retorno 60 vezes o montante aplicado. O valor do negócio foi de aproximadamente US$1 bilhão.

É interessante observar que quase todo o dinheiro investido pelos fundos de venture capital nas startups brasileiras é captado no mercado internacional, com fundadores de empresas de tecnologia e outros fundos institucionais. Na Monashees, uma das precursoras dessa indústria, sete fundos foram criados com recursos exclusivamente externos e apenas um deles tem um mix de investidor nacional e estrangeiro. Nesse último, a gestora captou US$150 milhões (R$594 milhões) entre famílias brasileiras e empreendedores, como Mike Krieger, cofundador do Instagram e um dos brasileiros mais influentes no Vale do Silício.

Já em 2015 o maior centro econômico do país, a cidade de São Paulo, foi apontado como a melhor opção para quem quer criar uma startup de tecnologia na América Latina, segundo o estudo Global Startup Ecosystem Ranking. São avaliados os quesitos performance, disponibilidade de capital, alcance de mercado, talento e capacidade de exportar startups internacionalmente. Como pontos fortes de São Paulo estão a disponibilidade de capital, performance das startups e alcance de mercado. Porém, revelou-se a necessidade de melhoria em dois pontos importantes: a baixa disponibilidade e o custo elevado dos talentos; e a dificuldade de exportar empresas com esse perfil.

Se analisarmos que o movimento de criação de startups é relativamente novo no país, assim como a presença de investidores-anjo e fundos, não é difícil perceber que a evolução foi grande. A cidade é a capital financeira do Brasil, e onde se concentra a maior parte dos investidores e é o cenário ideal para validação de qualquer negócio, afinal na capital paulista estão concentrados os clientes que a maioria das startups necessita.

A cultura empreendedora é um dos diferenciais da capital paulista, existem cidades com PIB elevado que poderiam ser polos importantes para a geração de startups, mas que ainda têm a cultura do funcionalismo público arraigada, o que inviabiliza o crescimento do processo.

O que temos visto é uma onda de empreendedores brasileiros que tentam fazer algo interessante acontecer. O Brasil se tornou um lugar quente para o empreendedorismo e é um exemplo do que acontece em diversas partes do mundo: com dificuldades econômicas, entraves governamentais e problemas em geral, o empreendedorismo floresce. Os brasileiros sentem que, se o sistema não está trabalhando para nós, é preciso criar algo. É a partir daí que surgem os melhores empreendedores. Sem dúvida é um dos melhores momentos que estamos vivendo no ecossistema empreendedor.

Mas não se iluda ao achar que os investidores e o dinheiro estão apenas em São Paulo. Quando se trata de investir em startups, o investidor geralmente não olha uma comunidade, um bom investidor investe em bons projetos, independentemente de onde ele esteja localizado. Se a ideia/projeto é boa, o empreendedor precisa arregaçar as mangas e correr atrás que, sem dúvida, ele vai conseguir investimento. Neste ponto específico deste capítulo que é o capital, talvez seja o único no qual a localização geográfica e estágio da comunidade não interfiram diretamente.

"Existe o investidor que costumo chamar de institucionalizado, ou seja, aquele que sabe o que está fazendo, tem experiência e consegue reconhecer as melhores oportunidades. Esse investidor não está preso a uma comunidade ou região. Um passo antes, o anjo, por exemplo, faz toda diferença em uma determinada comunidade. Isso porque geralmente está inserido nela, conhece as necessidades, conhece os empreendedores de perto e é um relacionamento mais próximo. Neste sentido, existem diferenças entre o anjo e o institucionalizado. Nós (Redpoint eventures), por exemplo, investimos em bons negócios estejam eles em qualquer lugar do mundo. De forma resumida pode-se entender o anjo como 'pessoa física' e o institucionalizado como fundos.

O conceito da densidade se encaixa bem neste estágio, e o anjo é fundamental para fomentar. E o que uma comunidade em processo de desenvolvimento pode fazer para atrair investidores e fundos para região? Movimento, e isso leva tempo, uma comunidade não alcança maturidade do dia para noite. Começa, por exemplo, fazendo encontros mensais que quinze pessoas participam no primeiro mês. No segundo serão vinte, no terceiro trinta e assim por diante. Sem contar que esse número eventualmente pode abaixar, oscilar, o importante é manter o foco e gerar o movimento necessário para chamar atenção.

Em 2010, criamos o BRNewTech e na primeira edição foram cem pessoas, número que foi aumentando gradativamente. A iniciativa surgiu porque pensamos: 'precisamos fazer alguma coisa aqui no Brasil.' Anjos do Brasil, Startup Farm, tudo começou lá.

Hoje ele não é mais necessário, em função da quantidade de iniciativas que suprem essa demanda, mas foi uma semente plantada lá atrás e que gerou muitos frutos para o ecossistema. Ou seja, não existe outra forma de se tornar atrativo se não for falando sobre, dando visibilidade. Tem que ter um empreendedor criando um movimento. A insistência e a liderança por ação são fundamentais neste processo de construção.

Pensando em comunidades, é importante para a comunidade ter investidores e redes/fundos ativos, faz parte da jornada. O empreendedor, quando começa sua jornada, percebe que é completamente solitário. Precisa mostrar para o mundo que ele tem a capacidade de tangibilizar a sua ideia. Então, neste processo, são os investidores que, ao investir, têm a capacidade de mudar o patamar do negócio, da sua comunidade e região. Faz parte do ciclo, são etapas.

Quando a gente fala de startup é preciso falar dos estágios que são comuns em qualquer lugar do mundo. Desde o primeiro ponto, que é empreender sozinho e tangibilizar o produto, até apresentar para o primeiro anjo e colocar no mercado. Sem concluir as primeiras etapas é impossível alcançar as demais.

Tenho quase certeza de que hoje praticamente todas as comunidades têm acesso a dinheiro. Mesmo uma comunidade pequena tem um empresário ou alguém que esteja disposto a inovar. Falta de dinheiro não é desculpa para dar os primeiros passos. O que o empreendedor precisa é estudar, não é fácil e nem todo mundo está preparado para dar o próximo passo. Ninguém começa a empreender e pega dinheiro logo de cara, lembre-se das etapas.

SP é o centro de negócios da América Latina e representa 30% do PIB do Brasil. E o Brasil, 50% do PIB da América Latina. É fato que, com esses números, se a startup começa a escalar, deve estar presente em SP, seja um escritório ou o empreendedor, que tem que ir toda semana. O ecossistema de startups em SP se desenvolveu e desenvolve basicamente em função do acesso ao capital, desde o começo e com base em números como os que mencionei, o ambiente já era mais propício por ser o centro comercial do Brasil. Em paralelo, outros estados tiveram iniciativas semelhantes, mas

> em alguns lugares até já morreram. Mas, no final das contas, o que vale é quem está à frente dos movimentos. O capital está aí, sempre esteve para quem tem bons projetos. O primeiro passo é entender qual é o capital certo para cada empresa."
>
> *Flavio Pripas, investidor na Redpoint eventures*

Conseguir investimento para sua startup não é uma coisa simples. Justamente por isso, é necessário buscar entender o mercado e seus mecanismos para não se frustrar ou até mesmo prejudicar sua comunidade. Os investidores podem ser vistos como alimentadores e por isso apoiam o desenvolvimento da comunidade de startups. Os consultores têm um relacionamento econômico com a startup, os mentores não.

Uma pesquisa feita pelo Sebrae e pelo Ministério da Indústria, Comércio Exterior e Serviços divulgada em maio de 2019 mostrou que cerca de 30% das startups não conseguem se manter no mercado. E, segundo a pesquisa, a principal causa é a dificuldade de acesso à capital.

Seja para tirar a ideia do papel, acelerar o crescimento ou promover um salto de expansão em um negócio já consolidado, muitos empreendedores buscam alguns dos vários tipos de investimentos para startups existentes. Isso é bom, mas, às vezes, os responsáveis acabam cometendo um erro grave: vão em busca de investimentos que não condizem com a realidade de suas startups.

Antes de adentrar no mundo do dinheiro, é importante explicar por que as startups são tão atrativas. Para começar, o investimento é baixo e com grande potencial a longo prazo. Quando se investe em uma startup e ela dá certo, os lucros podem multiplicar o seu investimento inicial a longo prazo e acima da inflação. Ou seja, com uma aplicação pequena, você pode mais do que dobrar seus ganhos, se tiver a paciência de esperar alguns anos e ficar atento ao crescimento da empresa.

Investir em uma startup é apostar em uma ideia, por isso, se você é uma pessoa conservadora e não está disposta a assumir riscos, esse investimento pode não ser a melhor ideia. Entretanto, caso esteja disposto a apostar em busca de altos retornos, esse tipo de investimento pode ser um excelente caminho a seguir, mas é preciso entender bem do negócio no qual vai embarcar! Se aprofundar em inovação pode ser um excelente primeiro passo. Existem instituições respeitadas no país que oferecem cursos focados em inovação.

Também existe um conjunto de livros, blogs e treinamentos presenciais e a distância que podem ser muito úteis. Mas, primeiramente, faça uma reflexão sobre quais são as suas lacunas e o que você realmente precisa aprender. Durante esse processo, buscar uma mentoria pode ser uma boa pedida.

Atualmente existem vários tipos de investimento, e algumas startups, quando possuem dificuldade de conseguir investimento, optam por uma estratégia criativa. Há também vários programas de aceleração sem equity (sem participação societária). Várias startups optam por submeter sua startup a essas aceleradoras. Vamos abordar todos esses modelos e possibilidades nas próximas páginas.

Um alerta já de início, não existe como conseguir investimento no dia seguinte do Startup Weekend. Ou apenas com uma ideia. Ou um empreendedor completamente sem bagagem achar que, sem ter qualquer experiência, vai conseguir dinheiro de alguém. Isso é mito! Não há como conseguir investimento assim! Não deixe as exceções se tornarem a regra do jogo. Então não se iluda com esse tipo de coisa porque ela não acontece.

Sua startup precisa ter um produto rodando. Mais do que funcionar, seu negócio precisa faturar. E não é faturar de forma simbólica, é emitir NF e pagar suas contas. Tem que gerar um caixa mínimo. Se coloque no lugar do investidor. Você colocaria seu dinheiro em um negócio que tem um produto inacabado e que mal fatura? Eu acho que não.

Por isso, busque sempre ter um produto que funciona minimamente e entrega valor suficiente para você ser capaz de conquistar clientes e faturar alguma coisa. Esse "alguma coisa", normalmente, precisa crescer e ficar acima de R$10 mil por mês. Isso mostra que seu negócio tem liga e pode ser, de fato, algo promissor. Além disso, um produto faturando mais de R$10 mil todo mês significa que a startup tende a se consolidar como uma empresa, pois já está adquirindo mais responsabilidades e os empreendedores já passaram por um conjunto de experiências que os levaram a um nível mínimo de maturidade para administrar uma grana maior. Ou seja, antes de buscar investimento, busque faturamento. Cabe ainda reforçar que o melhor investimento é o dinheiro do seu próprio cliente. Ele é o seu investidor número 1.

Lembre-se de que, quando um investidor investe em alguma coisa, o que ele mais deseja é que essa coisa dê certo! Por isso as cobranças, às vezes, os atritos etc. Há investidores que são mais maleáveis e outros que são menos. E os empreendedores precisam aprender a conviver com isso.

Agora, há uma forma muito objetiva de agir que ajuda muito a diminuir atritos, desgastes e outros problemas. E isso só é possível através da comunicação e transparência. Não existe nada mais forte em um relacionamento de investidor e investido que a confiança. E essa confiança cresce e se estabelece por meio da boa comunicação e transparência entre startup e investidores.

Quando somos transparentes, demonstramos um bom caráter. Quando nos comunicamos, demonstramos que nos importamos não apenas com o dinheiro do investidor, mas com a pessoa que representa esse investimento. É algo simples, mas que ajuda bastante a manter uma relação ao menos amistosa entre as partes.

O Smart Money (Dinheiro Inteligente) existe sim, no caso de investidores-anjo (angel investment) ou de capital semente (seed money), por exemplo, é possível encontrar um investidor que tenha contato com possíveis clientes, que tenha capacidade de abrir portas, contribuir com sua experiência no negócio, entre outros. Pode até não ser o mais comum. Mas, sempre que possível, se você tiver termos idênticos na mesa, por exemplo, e, um dos dois termos tem por trás uma pessoa com experiência na sua área de atuação, escolha quem tenha experiência no seu setor. Você terá uma pessoa que, potencialmente, possui muitos outros insumos que não apenas o dinheiro, como experiência e vivência na sua vertical, tecnologia e afins.

Provedores de serviço

Advogados, contadores, recrutadores, consultores de marketing. Alguns são empresas, alguns são pessoas. Os melhores provedores de serviços investem seu tempo e energia gratuitamente em empresas em estágio inicial.

Grandes empresas podem fornecer espaço e recursos para startups locais. Podem criar programas para incentivar startups a construir empresas que melhorem o ecossistema das grandes empresas. Por exemplo, o Google oferece um espaço para eventos gratuito com capacidade para 250 pessoas.

Convide empresários para os eventos, conecte os visitantes a pessoas com as quais eles devem se conectar. Distribua tarefas para aqueles que expressam interesse em assumir um papel de liderança. Alimente novos líderes, entregue-lhes atividades existentes, assuma novas atividades e entregue-as. Há uma enorme quantidade de oportunidades inexploradas, abrace a noção de retornos crescentes. Mais atividade de inicialização gerará mais atenção para a comunidade de startups, o que gerará ainda mais atividade.

Sem contar que os melhores líderes podem ser mentores incríveis. Os líderes devem ser mentores de outros líderes, ajudar as pessoas a se tornarem líderes, ser mentores de empreendedores e os empreendedores devem ser mentores uns dos outros.

Quando os bancos não lhe emprestarem dinheiro, ou caso não consiga um investimento-anjo, use amigos, familiares, cartões de crédito e, o melhor de tudo, faça a gestão de pagamentos futuros de seus próprios clientes que podem lhe dar dinheiro amanhã e você nunca terá que devolver. Investidores-anjo são organizados, basta começar a desenvolver fortes relações interpessoais baseadas na confiança, construir sua rede coletiva, mostrar resultados e projeções que eles cedem e fazer investimentos em empreendedores promissores. Mais do que investir em uma empresa ou produto, no geral, eles investem em pessoas, ou seja: no empreendedor e seu time.

Quais são as modalidades de investimentos em startups?

1. Bootstrapping

Para aqueles que acompanham o mundo das startups, o bootstrapping é o primeiro passo dos investimentos. Neste caso, o empreendedor, ou o grupo de empreendedores, investe dinheiro do próprio bolso na empresa. Praticamente todas as startups começam com esse sistema até conseguirem investimentos maiores.

2. Capital semente

Esta é uma boa fonte de recursos para empresas que ainda não estouraram, mas que já têm produtos ou serviços lançados no mercado e algum faturamento. O capital semente apoia startups em fase de implementação e organização de operações, muitos deles concebidos no seio das incubadoras de empresas. Neste estágio inicial, os aportes financeiros ajudam, entre outras funções, na capacitação gerencial e financeira do negócio.

3. Investimento-anjo

É o investimento efetuado por pessoas físicas com seu capital próprio em empresas nascentes com alto potencial de crescimento. O Investidor-anjo tem como objetivo aplicar em negócios com alto potencial de retorno. O termo "anjo" é utilizado pelo fato de não ser um investidor exclusivamente financeiro que fornece unicamente o capital necessário para o negócio, mas por apoiar o empreendedor, aplicando seus conhecimentos, experiência e rede de relacionamento para orientá-lo e aumentar suas chances de sucesso. Além do capital, esses investidores podem usar o networking deles e a experiência comercial para alavancar a sua startup. No entanto, vale lembrar que é preciso escolher bem o seu investidor-anjo. Porque, daqui para a frente, ele será o seu parceiro de negócios.

4. Aceleradoras

Apesar de serem um tipo moderno de incubadoras de empresas, as aceleradoras têm uma metodologia mais complexa. O processo para participar das aceleradoras é aberto, e essas geralmente procuram por startups consistindo em um time para apoiá-los financeiramente, oferecer consultoria, treinamento e participação em eventos durante um período específico, que pode ser de três a oito meses. Em troca, as aceleradoras recebem uma participação acionária. Para startups em um estágio inicial, existem empresas aceleradoras que oferecem excelentes maneiras de desenvolver o seu negócio, tanto financeira quanto estrategicamente. Normalmente, os programas aceleradores têm um cronograma estabelecido. Assim, as startups passam semanas ou meses trabalhando com um grupo de mentores.

5. Incubadoras

As incubadoras representam um modelo mais tradicional de investimento a partir de um projeto ou uma empresa que tem como objetivo a criação ou o desenvolvimento de pequenas empresas ou microempresas, apoiando-as nas primeiras etapas de suas vidas. O processo de incubação inclui ajuda com a modelagem básica do negócio, ajuda com técnicas de apresentação, acesso a recursos de ensino superior, entre outros.

6. Venture Capital

É uma modalidade de investimento utilizada para apoiar negócios por meio da compra de uma participação acionária, geralmente minoritária, com objetivo de ter as ações valorizadas para posterior saída da operação. O risco se dá pela aposta em empresas cujo potencial de valorização é elevado e o retorno esperado é idêntico ao risco que os investidores querem correr.

7. Venture Building

O modelo mescla características das incubadoras, aceleradoras e venture capital, sendo que fornece todo o planejamento estratégico, a captação de recursos financeiros e humanos e estrutura física. O objetivo de uma venture builder não é apenas criar um produto, mas construir um negócio. Geralmente, a participação de uma venture builder em uma startup é grande, chegando a 80% da estrutura acionária na fase inicial.

Para quem deseja se aprofundar nesse tema, indico o livro *Smart Money*, do João Kepler.

Como conseguir o primeiro investimento?

Na fase inicial, é de extrema importância que o time seja complementar. Isso porque a maioria dos investidores neste momento investe muito no time, até mais do que na própria ideia em si. Para começar, você precisa ter um excelente modelo de negócio, algo que comprove que sua startup tem condições de crescer e se desenvolver de forma sustentável. Além disso, um quadro de fundadores capazes e com expertises variadas também é muito valorizado pelo mercado. Por fim, se sua startup já passou da fase de ideia e está começando a lançar seus primeiros produtos ou serviços, é fundamental demonstrar a lucratividade esperada e quando o investimento começará a se pagar.

○ AMIGOS E FAMILIARES

A primeira dica de como conseguir investimento para startup é recorrer a amigos e familiares. Parece pouco profissional? Ora, lembre que algumas das maiores empresas do mundo na atualidade, como Facebook, Apple e Microsoft, começaram em garagens, com capital bem limitado.

Portanto, apelar para seu círculo familiar e de amigos não é nenhuma vergonha. Isso porque essas são pessoas que gostam, confiam e acreditam em você e na sua ideia. Assim, mesmo que o seu projeto ainda esteja em fase inicial, fale com essas pessoas. Família e amigos são os únicos que conhecem o seu potencial e estarão dispostos a oferecer o dinheiro que você precisa para começar o seu negócio.

Apesar de serem pessoas próximas, é preciso agir com profissionalismo. Mostre para eles os riscos envolvidos no investimento para que eles possam se decidir. Saiba separar o lado pessoal do profissional para não desgastar as relações.

○ **BANCOS E PROGRAMAS GOVERNAMENTAIS**

Os bancos tradicionais geralmente não são uma fonte fácil de capital para startups de estágio inicial e pequenas empresas. No entanto, à medida que você ganha tração, eles podem oferecer cartões de crédito e empréstimos com taxas de juros amigáveis.

○ QUEM INVESTE EM STARTUPS NO BRASIL

ANJOS

ANJOS DO BRASIL
GÁVEA ANGELS
FÓTON AUMARK
RIA
STARTUPI
DOMO
CLOSEDGAP
COREANGELS
FEA
RD2 VENTURES
GVANGELS
HARVARD SCHOOL
EQUITY RIO
INSPER ANGELS
RODHIUM
JCSGROUP
CURITIBAANGELS
LAAS
CONSTRUTECH ANGELS
VERUS GROUP

ACELERADORAS

ADVENTURES JUPTER
ACE
FOUNDER INSTITUTE
TECH P
WOW
SPIN
GROW
BIOTECHTOWN
LEMONADE
SAI DO PAPEL
BAITA
DARWIN STARTUPS
HARDS H
LIGA VENTURES
WAYRA
COTIDIANO
STARTUP FARM

PRÉ-SEED + SEED »

SMART MONEY
FUNDOBR STARTUPS
MIDWEST
FUNDEPAR
BLOCKO
PROVENCE CAPITAL
SMU
BOSSANOVA
42K
HI CAPITAL
DISTRITO
ACE
POSITIVE VENTURES
BZPLAN
ESCALA
GOOD-Z CAPITAL
PARALLAX VENTURES
G2CAPITAL
IPANEMA VENTURES
MOSAICO
DOMO
FUNDOBR STARTUPS
MSW CAPITAL
SIRIUS
UPEVENTURECITY

Há também programas do governo que fornecem subsídios para certos tipos de projetos. Isso não significa que trazer esse tipo de capital será mais fácil. Em muitos casos, existem certas restrições e limitações que podem ser onerosas para as startups.

O importante é que você pesquise bem as condições de cada banco e veja qual programa de incentivo combina melhor com a sua ideia e é mais vantajoso para o seu negócio.

FUNDOPITANGA
VERUS GROUP
INVESTUP
GRÃO
GFC
SUPERJOBS
FLAME VENTURES
INSEED
KVIV
REDPOINT EVENTURES
TRIVELLAME
KICK
FIR CAPITAL
KRIA
MAYA CAPITAL
CRESCERA
ANFERA
ONEVC
DUXX INVESTIMENTOS
CVENTURES
CARAVELA
IPORANGA VENTURES
CANARY
STONELAKE
BALTORO
VOX CAPITAL
CEDRO CAPITAL

SERIES A

REDPOINT EVENTURES
ASTELLA
VALOR
MONOSHEES+
E.BRICKS VENTURES
CONFRAPAR
DGF
TRIAXIS CAPITAL
SPVENTURES

SERIES B

SOFTBANK
INNOVA CAPITAL
MONASHEES+
BR OPPORTUNITIES
REDPOINT EVENTURES
E.BRICKS VENTURES
CONFRAPAR
VALOR
KASZEK VENTURES
PERFORMA
INVEST TECH
ÓRIA
CRP
TRIVÈLLAM3

Como Fazer

1. **Ideia não tem valor**

Nem cogite buscar investimento sem produto, clientes e faturamento, ou seja, sem ter se validado no mercado. E, quando estiver pronto, lembre-se de que não existe apenas um caminho para conseguir investimento para sua startup.

2. **Faça a diferença**

Caso sua comunidade ainda não esteja aquecida, dê início ao movimento. Nada melhor do que cases reais e bem-sucedidos para aproximar e inspirar outros empreendedores. Envie updates periódicos de forma estratégica para investidores, amigos e afins. Seja transparente e mantenha uma boa comunicação com todos os agentes da sua comunidade.

3. **Seja inteligente**

Saiba o que você está assinando, portanto, tenha um advogado para auxiliar você em decisões importantes. Na hora da empolgação é comum deixar passar "detalhes" que mais tarde podem se transformar em problemas. Não tenha medo de ser diluído, isso faz parte. Um advogado que conhece o universo das startups é muito importante neste processo e poderá te ajudar bastante.

4. Smart Money

Sempre que possível, busque o smart money. Haverá momentos na vida de um empreendedor onde ele se verá obrigado a aceitar algumas coisas, mas nunca perca seu foco e essência. Conseguir conciliar dinheiro e parceiros é o ideal em qualquer estágio que esteja.

5. Conhecimento

Principalmente na abordagem inicial, é necessário saber qual o tipo de investidor você procura, e qual deles tem a tese de investimento na qual a sua startup se encaixa. Passado esse primeiro *match*, chega a parte de fazer as primeiras reuniões, nas quais as duas partes falarão mais de si mesmas para entender se há sentido na continuação da conversa. Significa falar sobre a sua história, equipe, modelo de negócios (detalhadamente), quais os seus objetivos, necessidades e, principalmente, como uma empresa se acopla nos objetivos da outra.

6. Negociação

Se chegou a este ponto, sem dúvida é uma das partes que mais podem variar em dificuldade e tempo, pois é aqui que se negociam os valores e os percentuais correspondentes ao investimento. Pesquise sobre, converse com outros empreendedores que já passaram por essa fase e, principalmente, tenha apoio jurídico.

7. Contrato

Depois de tudo combinado, vem o momento da formalização. No geral, essa é uma das etapas mais demoradas, já que a negociação de cláusulas do contrato é sempre muito debatida, pois se tenta chegar num ponto ideal para as duas partes.

8. Superação

Assim como tudo na vida, conseguir o investimento ideal não é fácil. Portanto, não desista nos primeiros nãos que receber ou deixe de acreditar que seu negócio tem potencial. Aproveite todos os feedbacks que tiver e continue a evoluir. Bons investidores acompanham (mesmo que de longe) negócios que acreditam poder investir em outro momento. O que você não pode é ficar parado; estude ainda mais, faça novos testes, novas parcerias, tenha sempre novidades para apresentar.

9. Faça o dinheiro render

Independentemente do montante que você almeja ou recebeu, lembre-se de que ele acaba e que você precisa dedicar-se ao máximo para fazer com que cada centavo seja bem empregado. Gastar tudo de uma vez ou guardar por mais tempo do que deveria podem ser erros fatais para o negócio.

10. Dinheiro e investidor não aceitam desaforo

Quando alguém ou uma empresa decide investir em uma startup, se espera, no mínimo, que os empreendedores cumpram com o que prometeram. Portanto, tome cuidado para zelar seu nome e sua integridade, negócios nascem e morrem a todo momento, mas a reputação permanece passe o tempo que passar. Falsos empreendedores ou mal intencionados podem minar uma comunidade, tome cuidado.

Seja verdadeiro sempre com o seu investidor e conte tanto as coisas boas ou ruins, não permita que pessoas se aproximem do seu negócio querendo trocar mentoria por equity da sua empresa, para isso existe os advisors, ou seja, os conselheiros. Muitos podem aconselhar, mas poucos podem orientar. Isso porque um conselheiro é quem dirige. Um mentor, por outro lado, orienta. Portanto, um consultor o orientará sem considerar sua situação, necessidades e/ou paixões pessoais específicas. Um mentor permitirá que você escolha sua própria direção, oferecendo orientações que levem em consideração sua situação atual. Um mentor geralmente é mais análogo a um treinador: os verdadeiros mentores sabem o que motiva seus mentorados. Um advisor é mais como um diretor: os conselheiros podem ou não saber o que motiva seus conselhos. Essas informações não são relevantes para esse tipo de relacionamento, porque o conselheiro simplesmente fornece a orientação que o consultor "deve" seguir. Na maioria dos casos os advisors possuem participação acionária ou de cotas em um negócio. Cuidado com os mentores "bem intencionados" que só querem roubar os empreendedores.

""

O melhor uso do capital não é fazer dinheiro, mas sim fazer dinheiro para melhorar a vida.

Henry Ford

Ambiente regulatório

Desde a década de 1990, o Brasil vem vivenciando uma mudança na atuação do Estado no âmbito econômico. Com as desestatizações ocorridas nas últimas décadas, o país deixou de ser um Estado provedor de bens e serviços públicos e passou a atuar como Estado regulador nas diferentes áreas outorgadas.[1]

Nesse novo cenário, foram criadas no Brasil, a partir de 1996, as agências reguladoras, com a competência de operacionalizar a regulação estatal, editando normativos e exercendo a fiscalização sobre os bens e serviços essenciais desestatizados.

Atualmente, o Brasil possui onze agências reguladoras, com a função de fiscalizar a prestação de serviços essenciais em setores como energia, telefonia, aviação e saúde. A mais recente é a Agência Nacional de Mineração (ANM), criada em dezembro de 2017, que assumiu funções e atividades do Departamento Nacional de Produção Mineral (DNPM), bem como novas atribuições de gestão dos recursos minerais da União, entre as quais, a regulação e fiscalização das atividades de exploração dos bens minerários.

Das onze agências reguladoras, sete estão sob a jurisdição do Tribunal, o que demonstra a importância do trabalho realizado

---

1 Ambiente Regulatório. Portal TCU. Disponível em <https://sites.tcu.gov.br/desenvolvimento-nacional/ambiente-regulatorio.htm>

por esta Corte de Contas na melhoria do ambiente regulatório nacional. O TCU, em sua missão de aprimorar a administração pública em benefício da sociedade, tem papel fundamental para que as agências reguladoras operem no seu máximo grau de eficiência, atraindo investimentos e aumentando a concorrência, ao garantir serviços de qualidade a preços justos.

Um ambiente regulatório eficiente exige agências reguladoras que possuam capacidade técnica em seu quadro de pessoal e tenham autonomia decisória em seu colegiado, sem interferência externa, pública ou privada, respeitada a legislação vigente. Desta forma, e só assim, as agências terão condições de cumprir sua atribuição de fiscalizar as atividades objeto de concessão, permissão ou autorização de serviço público, bem como as concessões para exploração de bem público, garantindo que os contratos sejam fielmente observados e que a sociedade possa usufruir de serviços públicos adequados, prestados pelas concessionárias de forma regular, contínua, eficiente, segura e atualizada.

Além disso, é imprescindível a melhoria no ambiente de negócios, com fomento à transparência e competição, contribuindo para o aumento da percepção, por parte do investidor e da sociedade, de estabilidade das regras de mercado, segurança jurídica e retorno dos investimentos. É válido lembrar ainda, que é necessário buscar outras alternativas de financiamento para os investimentos em infraestrutura. Embora ainda seja um mundo muito distante do empreendedor, esses investimentos podem ser suportados pelo Banco Nacional de Desenvolvimento Econômico e Social (BNDES). Apesar de os empreendedores não verem a instituição como uma possibilidade real de investimento, ela pode ser interessante.

Auditorias do TCU reiteradamente alertam para problemas como: falta de atenção aos usuários da infraestrutura; inexecução de grande parte dos investimentos previstos em contratos de obras e de concessões; e falhas na fiscalização estatal. Como consequência, são notórios o desestímulo ao crescimento do setor de construção e a crise de confiança dos cidadãos em relação à atuação estatal, uma vez que o usuário paga a conta e não tem a devida contrapartida.

Para alavancar o setor e propiciar seu crescimento de forma sustentável, faz-se necessário, antes de tudo, clareza quanto à eficiência dos modelos de investimentos, passando pela análise geral da performance dos atuais contratos e eficiência na alocação dos recursos da sociedade e assegurando aos investidores privados a estabilidade do contrato durante todo o período de concessão.

Assim, deve-se buscar, cada vez mais, por meio do Programa de Parcerias de Investimentos (PPI), uma maior previsibilidade quanto aos serviços e às infraestruturas que serão outorgados à iniciativa privada, o que pode ser alcançado privilegiando planejamentos setoriais de longo prazo e avaliações de custos e benefícios, bem como de impacto regulatório.

A participação do governo local é importante para guiar a ocupação do território, através dos Planos Diretores, para a atração de universidades e centros de formação de talentos, redução da burocracia, aumento dos incentivos fiscais, e para disponibilização de infraestrutura de qualidade para o bom desenvolvimento dos negócios.[2]

---

[2] Redação Campinas Tech. Comunidades de Startups: por que aqui? O papel do governo e da comunidade local. Campinas Tech, 2019. Disponível em <http://campinas.tech/comunidades-de-startups-por-que-aqui-o-papel-do-governo-e-da-comunidade-local/>

Do ponto de vista sociológico, a cultura de abertura das principais empresas e o compartilhamento de informações causam efeitos de rede que aumentam a concentração de empreendedores e empreendimentos naquela região. O simples fato de alguns empresários colaborarem com outros, incentivarem o crescimento de outros e compartilharem experiências, fomenta o surgimento de outros empreendedores e abre o mercado. Isso catalisa o processo e o principal exemplo disso é o próprio Vale do Silício. Essa cultura de abertura e compartilhamento de informações entre seus principais players permitiu uma evolução muito mais rápida do que de outras localizações de características similares.

Relatos sobre CEOs compartilharem informações são muito comuns, o que catalisou todo processo empreendedor da região. Nesse sentido, é papel do governo local incentivar instituições que promovem a troca de experiências e propiciam momentos de contato e geração de colisões, que é o princípio básico do fomento à inovação. Novamente, podemos entender o papel de suporte do governo local para incentivo às iniciativas.

E não se engane, o governo deve sim assumir um papel de apoio, em vez de um papel de liderança. Tenha uma visão macro, como empreendedor. Use palavras como global, macroeconômica, política, inovação, desenvolvimento econômico. A função mais importante de um governo é... governar. Um governo que funciona é aquele que desburocratiza a vida das pessoas, investe em infraestrutura e deixa a cidade ou o estado aptos para receber investimentos e atenção de empreendedores. Sendo assim, programas de aceleração e editais podem até existir. Mas não é, em definitivo, o principal papel do governo.

Expectativa x Realidade

Você pode ver relatórios no jornal sobre a atividade de inovação, as mudanças de desemprego, a produção econômica, os lucros anuais, os preços das ações, a remuneração dos executivos. Quase toda essa informação é irrelevante para um conjunto de líderes empreendedores que estão em uma jornada de longo prazo para criar uma comunidade de startups sustentáveis.

Com quais unidades de fomento podemos contar? Quem tem feito e o que é preciso para ajudar? Criar políticas (considerando que os empreendedores são programados para agir), controle (enquanto os empreendedores querem impacto)? Se houver uma hierarquia de startups, haverá um empresário no topo que ganhou dinheiro há muitos anos e ainda administra o show. Ignore-os. Faça sua coisa sem obter a aprovação dos patriarcas. Lidere e deixe que eles venham até você, se quiserem.

"Não há capital suficiente aqui." Haverá sempre um desequilíbrio entre oferta e demanda de capital. Em vez disso, concentre-se em criar negócios em torno de um problema sobre o qual eles estão obcecados. Acredite que você pode aumentar o capital que precisa para escalar o seu negócio, independentemente da oferta local de capital ou do apoio efetivo que você tenha. Poucas pessoas no governo têm experiência como empreendedores, então elas não entendem startups. O governo se move muito mais devagar. Os governos correm em um ciclo de quatro anos. Um ciclo diferente dos empreendedores.

Empreendedores vivem em redes, o governo vive em uma hierarquia. O que acontece quando uma rede depende de uma hierarquia? O desafio é redefinir essa visão de muitos anos todos os dias. No meio tido como tradicional, existe um certo preconceito contra os recém-chegados. Em uma hierarquia, eles precisam conquistar seu espaço. Em uma rede, recém-chegados não são apenas bem-vindos, são assediados (em um bom caminho), como tentativa de um alimentador para controlar a comunidade, exemplos: VCs, governo, universidades podem tentar se posicionar no meio de todas as atividades de inicialização em uma comunidade. Eles geralmente retardam o crescimento porque são todos hierarquias com controle de cima para baixo pressionando uma rede.

Em avaliações promovidas por organismos internacionais, somos, em geral, um país ruim para empreender. Temos graves burocracias para abertura e fechamento de empresas, por exemplo. Nossas estruturas societárias não dão segurança jurídica para investidores. Há mais incentivos para investir em fundos imobiliários, que favorecem concentração de renda e propriedade, do que para investir em empresas nascentes, que distribuem riqueza com maior geração de empregos.[3] Aliás, a própria noção de investidor qualificado — pessoas físicas e jurídicas que possuem aplicações financeiras em valor igual ou superior a R$1 milhão — afasta qualquer possibilidade de termos, de fato, uma democratização do financiamento à inovação.

O acesso a crédito bancário para startups é praticamente inexistente, e o paradigma do Estado enquanto financiador do empreendedorismo já mostrou esgotamento. Não temos leis que deem segurança para pequenas empresas oferece-

---

3 Ramos, Pedro. Brasil precisa criar um Marco Civil para as startups. Revista Pequenas Empresas, Grandes Negócios, 2017. Disponível em <https://revistapegn.globo.com/Opiniao-Empreendedora/noticia/2017/07/brasil-precisa-criar-um-marco-civil-para-startups.html>

rem planos de stock option. Para completar, países como EUA, Itália e, em breve, Argentina, possuem legislações que incentivam estrangeiros a montarem startups nesses países, reforçando uma tendência de fuga de talentos brasileiros.

E, mesmo assim, com todas as adversidades, insistimos em desenvolver um ecossistema de empreendedorismo tecnológico. Somos um celeiro de brilhantes profissionais, em que se destacam empresas que, contra todos os prognósticos, buscam inovar em diversos ramos de negócio. Com essas startups, surgiu um ambiente institucional jovem, engajado e talentoso: aceleradoras, investidores-anjo, associações, entidades de fomento, fundos e universidades se uniram em um projeto para potencializar a inovação no país, e que vem teimosamente enfrentando todo o bom senso regulatório vigente.

E tudo isso surge porque, afinal, este é o único caminho possível. Na economia global, o país não tem vocação para nos diferenciar com custos de mão de obra — impossível competir com países asiáticos. Temos um papel relevante na exploração de recursos naturais, e com os dias contados. Resta, então, o caminho da inovação: desenvolver novos produtos, serviços e tecnologias que vão melhorar a vida das pessoas, aumentando suas capacidades e expandindo as liberdades substantivas dos indivíduos.

Para tanto, o Brasil precisa de um marco regulatório coerente e articulado, movimento que é muito bem descrito e altamente debatido no Dínamo[4], para que possa atualizar dezenas de diplomas jurídicos de trinta, quarenta anos atrás. Precisamos re-regular o mercado, introduzindo normas que

[4] Ramos, Pedro. A hora e a vez de um Marco Civil das Startups. Dínamo, 2017. Disponível em <https://www.dinamo.org.br/blog/a-hora-e-a-vez-de-um-marco-civil-das-startups>

possam incentivar a competição e desburocratizar o sistema, garantir previsibilidade e reforçar o papel de empresas nascentes como motor de um desenvolvimento sustentável, diverso e descentralizado.

Como muito bem pontuado em diversas passagens do site, esses instrumentos devem prever, no mínimo, questões como abertura facilitada de empresas, simplificação das sociedades anônimas, limitação de responsabilidade de investidores, isenções tributárias, incentivos fiscais para investimento-anjo, incentivos à remuneração via stock options, acesso a crédito bancário, entre outras iniciativas. E a maneira eficiente de fazermos isso é por meio de um movimento coerente, aglutinado, que possa criar um diálogo produtivo entre poder público e sociedade.

Se, em 2014, após um processo legislativo inédito na democracia brasileira, o país tornou-se referência mundial com a aprovação do Marco Civil da Internet, agora está mais do que na hora do empreendedorismo brasileiro ter seu Marco Civil.

A regulamentação do Marco Legal de Ciência, Tecnologia e Inovação

O governo federal publicou o Decreto nº 9.283, que regulamenta a política de incentivos destinados à Ciência, Tecnologia e Inovação no país. Em um artigo publicado no Dínamo[5] (um movimento de articulação na área de políticas públicas focada no tema ecossistema de startups), os representantes

---

5 Governo publica a regulamentação do Marco Legal de Ciência e Tecnologia. Dínamo, 2018. Disponível em <https://www.dinamo.org.br/blog/governo-publica-a-regulamentacao-do-marco-legal-de-ciencia-e-tecnologia>

afirmam que o decreto tem impacto positivo e relevante para o ecossistema de empreendedorismo e inovação. Dentre as principais novidades destacadas nesse artigo estão:

- Autorização para universidades e centros públicos de pesquisa, agências de fomento, entre outros, a participarem como sócias minoritárias do capital social de empresas inovadoras, seja diretamente ou através de fundos de investimentos, com o propósito de desenvolver produtos ou processos inovadores que estejam de acordo com as diretrizes e as prioridades definidas nas políticas de ciência, tecnologia, inovação e de desenvolvimento industrial.

- Definição de diversos tipos de parcerias público-privadas para o desenvolvimento de tecnologias inovadoras, inclusive de empresas concessionárias de serviços públicos, como operadoras de telefonia e fornecedores de energia. Na teoria, essas empresas têm obrigação legal de investir parte de seu faturamento em projetos de pesquisa e desenvolvimento, mas, na prática, enfrentavam uma série de dificuldades porque o formato de muitas parcerias com startups não estava claramente definido na lei, causando insegurança jurídica sobre investimentos diretos nessas empresas.

- Cessão do uso de imóveis para a instalação e consolidação de ambientes promotores da inovação, inclusive com dispensa de licitação.

- Atualização e ampliação dos diferentes mecanismos de fomento à inovação. Um exemplo é o bônus tecnológico, que (a) permite que universidades compartilhem sua infraestrutura de pesquisa com outras empresas e (b) possibilita a encomenda tecnológica, possibilitando que o governo faça encomendas a universidades, inclusive em consórcio com empresas, de soluções para necessidades da administração pública. O contrato de encomenda tecnológica poderá prever opção de compra dos produtos, dos serviços ou dos processos resultantes da encomenda, com dispensa de licitação.

- Simplificação de processos de compra de insumos destinados a atividades de pesquisa e desenvolvimento, especialmente nos casos de insumos internacionais, um problema muito conhecido de pesquisadores do país. As importações para esse fim ficarão dispensadas de controles prévios ao despacho aduaneiro e terão a documentação exigida simplificada.

Ou seja, trata-se de um grande momento para a ciência, tecnologia e inovação no país. Agora, vamos aguardar os próximos passos e acompanhar a implementação das novidades nos órgãos públicos.

Nova Lei brasileira?

Em julho de 2018, o Congresso aprovou o PLC 53/2018, que estabelece um novo regime de proteção de dados no Brasil. O projeto consolida uma Lei Geral de Proteção de Dados brasileira (LGPD), que, inspirada na legislação europeia, estabelecerá um prazo de dezoito meses para as empresas adequarem-se às suas disposições. A LGPD afetará todo o mercado brasileiro, pois terá aplicação transversal para todos os setores, seja no âmbito público ou privado, online ou offline.[6]

---

6 Proteção de dados e startups: os caminhos da nova lei brasileira. Dínamo, 2018. Disponível em <https://www.dinamo.org.br/blog/protecaodedadosestartups>

Certamente, um dos setores mais afetados é o de tecnologia, cujas atividades são cada vez mais movidas ao uso de dados. Dentro desse setor, surgem preocupações sobre como um regime de regras rígidas e complexas pode afetar startups. Afinal, não é segredo que toda adaptação regulatória é mais fácil para grandes empresas e muito mais difícil para startups, que possuem poucos e limitados recursos. Todavia, as startups hoje competem diretamente com as grandes empresas, e cumprir as exigências legais pode ser, na verdade, uma vantagem para as grandes empresas nessa competição com modelos de negócio disruptivos.

Precisamos entender que a aplicação das regras da LGPD precisa ser adaptativa ao ambiente de inovação disruptiva, incentivando o ecossistema e não o prejudicando. Há caminhos apontados pela lei.

Um deles é a Autoridade Nacional de Proteção de Dados (ANPD), que teria função semelhante à de uma agência reguladora, um papel fundamental na interpretação da lei. Por questões de constitucionalidade, a criação da ANPD foi vetada pelo ex-presidente Michel Temer no dia 14 de agosto de 2018. Na ocasião, o líder do Executivo comprometeu-se a enviar um projeto de lei ao Congresso sobre a criação da ANPD, corrigindo o vício de constitucionalidade e mantendo o espírito e o teor do projeto original.

Há, evidentemente, preocupações sobre captura e aparelhamento desse órgão; todavia, ele pode balizar suas ações também tendo como referência a dinâmica do empreendedorismo, buscando boas soluções para a aplicação da legislação em favor de startups.

Afinal, não é segredo que priorizar políticas públicas para empresas nascentes é investir em distribuição de riqueza, apostar no crescimento econômico descentralizado e fomentar maior geração de empregos. Trata-se de consequências mais do que provadas em diversos países e ecossistemas. Mas o desafio para essas políticas é mais difícil: uma matriz regulatória e institucional voltada para a inovação. Hoje, as leis são aprovadas e seus textos e interpretações permanecem inalterados por longos períodos de tempo — e rapidamente caducam com a velocidade da inovação. Nossa estrutura regulatória é inerte às transformações da sociedade, o que prejudica o ambiente de negócios e, em última instância, a própria sociedade.

A ANPD, se bem conduzida, pode ser uma boa notícia para o ecossistema de inovação do país, e sua existência não deveria ser objeto de veto presidencial, nem deveria ser desmembrada de suas características de autonomia e independência. E deverá ser também missão desse órgão entender a dinâmica do empreendedorismo, buscando boas soluções para a aplicação da legislação em favor de startups em tempos de transformações sociais.

Essa missão pode ser atingida por meio de diversas ferramentas. Um modelo bastante utilizado em outros países (como Austrália e Singapura) são as sandboxes regulatórias: empresas de determinado setor são autorizadas, por um tempo e escopo limitados, a oferecer produtos e serviços sem se submeterem a restrições regulatórias. Nesse modelo, os reguladores podem acompanhar a experimentação tecnológica, entender o quanto as inovações podem afetar a regulação posta, balancear com os benefícios sociais trazidos e repensar suas interpretações e regulamentações.

Outro caminho é ajudar startups com conformidade à regulação, por meio de cartilhas, treinamentos, certificações e modelos de documentos. No Reino Unido, a autoridade de proteção de dados local não só produz materiais específicos para startups, mas também disponibiliza modelos de checklists de auditoria simplificados para essas empresas.

Finalmente, uma outra possibilidade é que a ANPD (bem como a própria existência da regulação em si) incentive cada vez mais o surgimento de novas startups com tecnologias voltadas para proteção de dados e segurança da informação. Hoje, surgem startups desenvolvendo novas ferramentas de transparência, opt-out e controle dos dados dos usuários, perfilamento estatístico, registro de consentimento de usuários, enfim, abre-se também uma nova possibilidade para que startups surjam e possam também se desenvolver nesse novo mercado.

Em suma, além de garantir que os dados pessoais serão protegidos, precisaremos também assegurar que as oportunidades para a inovação sejam cada vez maiores e distribuídas, em um país cujo único caminho para o futuro é empreender. A ANPD é, nesse sentido, uma garantia essencial para que esse trabalho tenha, no mínimo, uma liderança sólida nos próximos anos de discussão e consolidação do nosso marco regulatório em proteção de dados. As discussões em torno do marco legal estão sendo desenvolvidas dentro de quatro subcomitês temáticos: ambientes de negócio, tributos, relações trabalhistas, compras públicas e facilitação de investimentos. Precisamos avançar o máximo possível e de forma rápida, tendo voz para dar legitimidade de representatividade para o nosso ecossistema.

Falta estímulo para investir

Pessoas físicas e jurídicas poderão fazer aportes de capital, mas não serão consideradas sócias, sem participação na gerência ou voto na administração da empresa. A vantagem é que esses investidores não responderão por qualquer dívida da empresa, inclusive em recuperação judicial. O capital terá que ficar investido na empresa por, no mínimo, dois anos, e, no máximo, por sete anos.[7]

Essa é uma resposta positiva a uma das maiores dificuldades encontradas por investidores-anjo, que, por investir em empresas nascentes, correm um alto risco de perda do capital investido, mas não podem correr um risco adicional de serem penalizados por eventos de desconsideração de personalidade jurídica. Além disto, a lei possibilita a existência de incentivos fiscais a esta atividade, como ocorre em todo o mundo, já que o investimento-anjo ajuda a criação e aumenta as chances de sucesso de empresas inovadoras, que são uma das melhores fontes de desenvolvimento para os países.

Outro benefício da lei para os empreendedores é o não desenquadramento das empresas que recebam este aporte do Simples Nacional, como ocorria anteriormente, nem configura o investimento como receita tributável. A Instrução Normativa nº 1719/2017, da Receita Federal do Brasil (RFB), regula a tributação dos rendimentos decorrentes dos contratos de participação de investimento-anjo, criados pela Lei Complementar nº 155, no final de 2016.[8]

Segundo essa Instrução, todos os rendimentos decorrentes dos aportes de capital do investidor-anjo sujeitam-se à incidência do Imposto de Renda Retido na Fonte (IRRF), com alíquotas entre

---

[7] Brito, Claudio. Lei traz nova proteção ao investimento-anjo para startups. Acelera Startups. Disponível em <http://www.acelerastartups.com/br/lei-traz-nova-protecao-ao-investimento-anjo-para-startups/>

[8] Instrução Normativa da Receita perde oportunidade de estimular o Investimento-Anjo. Dínamo, 2017. Disponível em <https://www.dinamo.org.br/blog/instrucao-normativa-da-receita-perde-oportunidade-de-estimular-o>

22,5% e 15%, a depender do prazo do contrato. Os rendimentos e ganhos tributáveis em questão são três: (a) a remuneração periódica a que faz jus o investidor-anjo sobre os resultados distribuídos da sociedade; (b) a diferença positiva entre o valor do resgate e o valor do aporte de capital efetuado (ganho de capital) no resgate; ou (c) o ganho de capital no caso de alienação ou cessão dos direitos do contrato de participação.

Em relação ao item (a), a RFB rejeitou o argumento, sustentado por diversas entidades, de que tais rendimentos fossem tributados da mesma maneira que os lucros ou dividendos (hoje isentos). Quanto ao item (b), o ganho decorrente do resgate do aporte estará via de regra sujeito à alíquota de 15%, já que a LC 123 prevê que o investidor-anjo somente poderá exercer o direito de resgate depois de decorridos, no mínimo, dois anos do aporte de capital, ou prazo superior estabelecido no contrato de participação. Finalmente, no caso do item (c), há um desestímulo maior ainda, visto que o ganho de capital apurado nas alienações de quotas das sociedades ME ou EPP, por pessoas físicas, têm uma tributação mais vantajosa (15% para os ganhos de até R$5 milhões, independentemente do prazo do investimento), e não de 22,5% a 15%, conforme o prazo do investimento.

Ao contrário da tendência regulatória majoritária em diversos países, acreditamos que a RFB não aproveitou a oportunidade para desenvolver mecanismos de estímulo ao empreendedorismo e investimento-anjo, e que comprovadamente possuem o potencial de gerar desenvolvimento, distribuição de renda e aumento real na arrecadação. No caso em questão, diversas entidades manifestaram-se contrárias à proposta da RFB durante o período de consulta pública da instrução, sugerindo que a RFB tomasse uma posição mais favorável ao investimento-anjo. A nosso ver, é preciso que as contribuições sejam todas analisadas e, ainda que não acatadas, sempre justificadas, já que é dever da administração pública justificar a motivação de seus atos normativos.

Finalmente, importa ressaltar que a instrução normativa não invalida, de forma alguma, o contrato de participação em investimento-anjo, grande conquista do ecossistema de empreendedorismo e que possui, a nosso ver, o potencial de ser um importante instrumento de segurança jurídica para o mercado. Todavia, acreditamos ser preciso manter, perante o Poder Público, um diálogo aberto, construtivo e esclarecedor sobre a exponencial capacidade transformativa do empreendedorismo na economia, buscando novos tratamentos tributários a este ou outros instrumentos contratuais de investimento, ao mesmo tempo em que sejam discutidos instrumentos regulatórios coerentes e articulados, que possam reforçar o papel de empresas nascentes como motor de um desenvolvimento sustentável, diverso e descentralizado.

Sandboxes regulatórios

Flexibilizar os requisitos regulatórios por um período limitado para permitir que empresas testem serviços e produtos financeiros inovadores com um pequeno grupo de clientes, esse é o objetivo do sandbox regulatório, que o Banco Central, em ação coordenada com a Secretaria Especial de Fazenda do Ministério da Economia, a Comissão de Valores Mobiliários e a Superintendência de Seguros Privados, estuda implementar no país nos próximos meses.

O termo sandbox é muito popular no universo de TI, em que, para testar uma aplicação, cria-se um ambiente isolado e seguro, de modo que o teste não danifique outras aplicações que já estão no sistema ou o próprio sistema em si.[9]

Assim, transportando essa ideia para o mundo do direito, passou-se a propor e realizar os sandboxes regulatórios, que nada mais são do que espaços experimentais que permitem a empresas inovadoras operar temporariamente, dentro de certas regras que limitam aspectos como o número de usuários ou o período no qual o produto pode ser oferecido.

Ou seja, trata-se de um ambiente em que as empresas poderão oferecer seus produtos e prestar seus serviços sem que incidam as restrições existentes no quadro regulatório. É importante destacar que tal ambiente possui um prazo para existir, sendo um momento para experimentação e análise da operação das soluções e das respostas dos consumidores, de modo que o regulador possa dar a resposta adequada e defina as regras do jogo que possibilitarão o desenvolvimento dos negócios inovadores.

Assim, por um prazo determinado, o regulador poderá supervisionar a experiência de certa atividade econômica em contato com o mercado, sem que sofra influência das regras já postas, o que possibilitará a construção de um quadro regulatório muito mais adequado para a ambiente de inovação.

Esse cenário, segundo os órgãos federais, exige que as normas sejam adaptadas às mudanças tecnológicas e constantes inovações. O intuito é que as atividades reguladas mantenham conformidade com as regras de cada segmento, inde-

---

9 Seta, Paduan. O que é sandbox regulatório? Paduan Seta, 2019. Disponível em <https://paduanseta.jusbrasil.com.br/artigos/712848472/o-que-e-sandbox-regulatorio>

pendentemente da forma como os serviços e produtos sejam fornecidos, principalmente sob as perspectivas da segurança jurídica, da proteção ao cliente e investidor e da segurança, higidez e eficiência dos mercados.

No final do período do sandbox determinado no edital, a startup pode ser autorizada a atuar com uma licença full dentro daquele segmento que ela previamente optou em atuar e inovar. Trata-se de forma bastante inteligente de regular a inovação de maneira provisória, sem, com isso:

(A) inviabilizar novas práticas benéficas para a sociedade e o mercado;

(B) perder o timing das mudanças disruptivas (fato que tende a ocorrer, visto que muitas vezes os novos modelos se estabelecem em zonas normativas cinzentas);

(C) correr o risco de criar uma norma estanque sem passar por um processo de aprendizado que permita a elaboração dos melhores parâmetros a serem impostos.

A utilização do sandbox tem sido experimentada por vários países, tendo o Reino Unido como uma referência neste sentido. Na experiência internacional, podemos identificar, pelo menos, dois modelos a se seguir quando falamos em sandbox. O primeiro seria aquele em que os parâmetros específicos do período de testes são acordados entre o regulador e as empresas/plataformas. Tal modelo é identificado no Reino Unido e Singapura, por exemplo.

Outro modelo é aquele em que a autoridade regulatória define os critérios gerais e a participação no banco de experimentação é possível para aqueles agentes que preencherem tais requisitos previamente definidos.

"Pelo seu alto risco, o ambiente de startups exige um processo mais ágil e flexível nas questões tributária, trabalhista e legal. Apoiamos as discussões sobre a temática junto ao governo procurando propor medidas e discutir leis que possam tornar o ambiente de negócios mais preparado para as empresas inovadoras no país. Por mais que os empreendedores queiram, não podem fazer esse papel do governo, que é determinar as políticas públicas e leis que definem como agir no mercado. Esta discussão não é apenas atual, mas é essencial porque se as leis não estão alinhadas com seu tempo e necessidades, não apenas travam boa parte dos processos e iniciativas, como prejudicam a velocidade de qualquer desenvolvimento.

É importante ressaltar que as empresas de tecnologia não competem apenas com seus pares locais, então se torna um diferencial ter ou não leis que estimulem e facilitem o desenvolvimento do negócio. Quando se trata de startups, a competição é mundial e faz muita diferença o ecossistema em que a empresa está inserida. Alguns fatores tais como segurança jurídica, leis atuais, impostos compatíveis, vantagens por estar em um ponto geográfico privilegiado, estabilidade econômica local, tudo isso facilita muito o trabalho do empreendedor que precisa ainda se preocupar com questões societárias, trabalhistas e por aí vai. Ou seja, quando você tem muita burocracia, pouco apoio e menos facilidades, a consequência é inviabilizar a criação de novos negócios e manutenção dos existentes.

O Brasil é um país continental e desigual, de forma que a concentração econômica do Sul/Sudeste explica o porquê dos maiores avanços. Mas, além do dinheiro, é preciso pensar no ponto de vista de regulação e, por se tratar de um país federativo, cada estado pode validar como funciona a abertura de uma empresa, por exemplo. Existem vários estados e até mesmo municípios que oferecem mais liberdade ou estímulos em detrimento de outros. Serviços e tecnologia, por exemplo, é fundamental contar com o apoio municipal. Já os e-commerces precisam estar atentos e de acordo com as leis estaduais e assim por diante.

Assim, as cidades mais afastadas dos grandes centros que têm de seguir leis municipais e estaduais acabam tendo que enfrentar mais esse desafio para sobreviver e se tornarem competitivas. Note que ecossistemas mais fortes tendem a chamar mais atenção naturalmente, até por movimentarem muito recurso que às vezes está concentrado em um grupo ou empresas e que enfraquecem as comunidades. Neste sentido, é fundamental fomentar a cultura de colaboração, principalmente nas comunidades mais afastadas. Agentes que se relacionam e colaboram com a unidade contam muito. Pessoas de órgãos oficiais que se relacionam com a comunidade também podem e devem fazer a diferença. Quanto mais interações e pontos de contato, mais negócios e novas soluções.

Se a regulação local é ruim, como pode melhorar? O que pode ser feito? É preciso identificar os pontos de carência e trabalhar para melhorá-los através de ações que possam resultar em mudança de cultura. Quem puxa ou alavanca um ecossistema são os empreendedores. Os demais agentes complementam, somam força e ajudam a fazer a diferença. Alimentam e ajudam a fomentar, mas não são os líderes que precisam cobrar mudanças (sejam elas quais forem). O primeiro passo é colaborar entre si, reunir empreendedores locais que representam os interesses da comunidade. Em conjunto e após diagnosticar os problemas, é possível cobrar dos seus governantes novas soluções, para a região, a comunidade ou até mesmo para o país.

Um caminho é mostrar como funciona em outros lugares, por exemplo. Chamar a imprensa para destacar o que deveria funcionar, mas não funciona. Essa mobilização é necessária, promover diálogo, atividades de colaboração. Buscar também outros formatos que não dependam exclusivamente do governo também é uma boa saída. Todos os grandes polos de empreendedorismo criados recente que reúnem grandes comunidades têm um envolvimento muito forte do poder público, como o próprio Vale do Silício. Israel hoje, por exemplo, é resultado de investimentos massivos do governo para que se tornasse a comunidade de destaque mundial que é. A China ultrapassou os EUA no quesito investimento em Venture Capital. No Reino Unido e na Alemanha, o poder público também está muito presente. De forma mais liberal ou controladora, o fato é que esses países se dispuseram a entender e investir em projetos que auxiliam o desenvolvimento de startups."

Felipe Matos, empreendedor em série e autor do livro 10 Mil Startups

Como Fazer

1. **Conhecer as Leis**

Ao abrir um negócio, é preciso antes de tudo estar atento às leis que vigoram no Brasil e, mais especificamente ainda, aos órgãos reguladores do setor em que vai atuar. Fique atento às leis trabalhistas, impostos que terá que arcar, modelos de empresas e qual melhor te atende, pagamento de bônus (imposto em cima), regulações específicas como do setor digital e tecnológico, por exemplo.

2. **Infraestruturas Digitais**

Quer empreender e vai usar como base a tecnologia e a internet? Obrigatoriamente você precisa conhecer, então, as Infraestruturas Digitais (Marco Civil da Internet), o princípio da neutralidade e a Lei Geral de Proteção de Dados.

3. **Dedicação**

É preciso acompanhar de perto a evolução e cada alteração que regulamenta seu setor. Em junho de 2019, por exemplo, a Secretaria Especial de Fazenda do Ministério da Economia, o Banco Central, a Comissão de Valores Mobiliários e a Superintendência de Seguros Privados divulgaram um comunicado conjunto anunciando a intenção de flexibilizar regras para empresas inovadoras de serviços financeiros, conhecidas como fintech (no termo em inglês).[10]

4. Políticas públicas

Estabelecer uma nova geração de políticas públicas requer tempo e disposição. Os temas que precisam ser contemplados são: análise do ambiente nacional de estímulo às startups e da relação entre inovação e criação de empresas; análise crítica da legislação nacional de estímulo às startups, obrigações legais nos campos fiscal e trabalhista, e carências legais que restringem o empreendedorismo e o investimento em startups; principais programas nacionais de estímulo à inovação (Finep, MCTI, BNDES, FAPs) e iniciativas no mercado privado para apoio a startups inovadoras; análise do ambiente de interação academia-empresa-empreendedores, polos e parques tecnológicos, áreas urbanas de incentivo; análise de modelos e ciclos de investimento e desinvestimentos, da indústria de venture capital (ABVCAP, Angels etc.) e das oportunidades entre grandes empresas e startups; conjunto de recomendações ao aprimoramento do ambiente nacional às startups.[11]

5. Programas de governo

Buscar, através do estímulo e da visibilidade, valorizar toda e qualquer iniciativa por parte do governo em detrimento do desenvolvimento de uma comunidade ou região. Se o go-

---

10 Órgãos reguladores pretendem flexibilizar regras para fintech. Valor Investe, 2019. Disponível em <https://valorinveste.globo.com/produtos/servicos-financeiros/noticia/2019/06/13/orgaos-reguladores-pretendem-flexibilizar-regras-para-fintech.ghtml>

11 Freire, Carlos E. T. Políticas públicas, ambiente regulatório e fomento a startups inovadoras no Brasil. CEBRAP. Disponível em <https://cebrap.org.br/pesquisas/politicas-publicas-ambiente-regulatorio-e-fomento-a-startups-inovadoras-no-brasil/>

verno local abre um edital, por exemplo, mas não tem um número suficiente de startups participando do processo, provavelmente ele vai entender como desnecessária a atenção para a comunidade em questão.

6. Domine o setor que atua

Além das leis estaduais e municipais, é preciso estar atento e seguir as regulações de cada setor. Existem conselhos, sindicatos, inteirar-se sobre o que pode ou não ser feito. Não adianta criar uma solução e depois descobrir que ela não poderá ser comercializada, por exemplo.

7. Relações poderosas

Estimule em sua comunidade as boas relações, ou seja, os empreendedores precisam se aproximar das pessoas de órgãos oficiais que se relacionam com a comunidade e que estejam de fato dispostas a contribuir para fomentar a comunidade. No geral, essas pessoas são fáceis de serem identificadas porque estarão visivelmente engajadas e dispostas a ajudar.

8. Sandboxes

Empreendedores ao redor do mundo vêm pensando em maneiras de "destravar" o ambiente regulatório para o desenvolvimento da inovação e, ao mesmo tempo, elaborar as regras do jogo mais adequadas para as novas soluções econômicas com base na experimentação e observação do mercado. Uma dessas maneiras que vêm sendo elencadas para destravar a inovação é o uso dos sandboxes regulatórios.[12]

---

12 Fernandes, Luane S. P. Sandbox para o mercado de seguros. Petraroli, 2019. Disponível em <http://www.petraroli.com.br/noticia?id=106>

9. Paradigmas

Toda e qualquer mudança assusta, principalmente se for uma quebra de paradigma que implicará em novas formas de se comunicar, comprar ou se locomover, por exemplo, como experimentamos nos últimos anos. Na prática, isso significa que para alavancar tais mudanças os empreendedores precisam estar conscientes e deter alto conhecimento a respeito do que tais transformações acarretarão à sociedade como um todo.

10. Leis não são ruins

É preciso desmistificar a máxima de que regulação é sempre ruim, pelo contrário, é legítimo e importante. O que precisa ser feito é criar soluções que conectem a realidade atual e cada vez mais digital ao mundo real e cada dia mais dinâmico. No geral, o que assusta atualmente é que boa parte está parada no passado e não tem acompanhado a evolução do mercado e da sociedade e isso pode criar tensões cada vez maiores porque causa um abismo entre expectativa e realidade.

> Liberdade é o direito de fazer tudo o que as leis permitem.

Barão de Montesquieu

Talentos

A presença de bons talentos é essencial para a criação e manutenção de um forte ecossistema empreendedor. Investir em capital humano é importante tanto para criar e reter a força de trabalho, não apenas para o campo de startups, mas para também favorecer a inovação nos negócios de agora e para o futuro.

Mas como atrair talentos para a sua empresa? Seja uma startup ou uma multinacional com várias filiais, pontos de contato e atuação abrangente. Todo negócio vislumbra ter os profissionais mais qualificados do mercado. Afinal, o capital humano pode ser a verdadeira diferença entre o sucesso financeiro, break even point, abertura de capital na bolsa... e o fracasso.

Sabemos que startups no geral são vistas pelo mercado como negócios ágeis, com estruturas mais enxutas e produtos inovadores. Trabalhando com conceitos como disrupção e quebra de status quo, as também chamadas de empresas nascentes costumam estar no radar dos talentos.

Sim, as empresas tradicionais e as startups podem caminhar juntas. A conexão entre os dois modelos, antes distantes, está criando uma ponte com benefícios mútuos, como já mostrado nesta obra. De um lado, a experiência, o conhecimento de mercado, a capacidade de investimento e a reputação. Do outro, a velocidade, o conhecimento de novas tecnologias, o espírito da mudança e a criatividade ante os desafios.

As empresas tradicionais podem atrair e reter talentos aplicando novos modelos de negócios e na flexibilidade com que realiza suas atividades. E podem aprimorar algo importantíssimo para atrair os talentos: a transformação cultural. E quem ganha com isso é justamente a comunidade que abriga essas empresas!

Para atrair e reter talentos, uma empresa tradicional precisa apostar em ideias diferentes de acordo com as novas tendências em termos de Recursos Humanos, como o *People Centric,* e benefícios flexíveis, uma forma inteligente de motivar e diminuir o *turnover*, que possuem uma função muito importante e um efeito direto no clima organizacional. É um processo natural: as pessoas sentem-se mais reconhecidas quando as empresas se preocupam com a sua qualidade de vida e seu bem-estar.

No modelo tradicional, as empresas criavam seus pacotes de benefícios e estabeleciam exatamente o que cada um dos colaboradores podia receber. Eram itens básicos, como plano de saúde, seguro de vida, algumas opções de lazer e vantagens para a aposentadoria.

Nesses moldes, a empresa conhecia todo o custo do pacote de benefícios que oferecia aos colaboradores, mas não tinha conhecimento do valor que cada um dava ao pacote. Esse foi um dos motivos para que soluções mais inteligentes começassem a serem desenvolvidas. A adoção de benefícios flexíveis demonstra uma preocupação individual com cada um dos colaboradores. Isso transforma as antigas estruturas e se aproxima com as startups, o que melhora a imagem da organização no mercado e também impacta na atração de novos talentos.

A atual competitividade do ambiente de negócios exige que as empresas sejam capazes de contratar e, principalmente, reter pessoas que abracem e se engajem com os propósitos e as metas das organizações.

Ao contrário do que muitos ainda pensam, os funcionários buscam realização pessoal e profissional conjuntamente, valorizando oportunidades que ofereçam maior autonomia para tomada de decisões, flexibilidade de horário e visão do futuro. O desafio das startups é responder à seguinte questão: De que forma convencer alguém a trabalhar em uma empresa de menor porte que (ainda) não é famosa e nem pode oferecer as mesmas condições financeiras das grandes concorrentes no mercado?

Os profissionais diferenciados não se sentem atraídos por processos tradicionais, com perguntas já ensaiadas e testes que não refletem seu potencial. Em vez disso, ofereça um "gostinho" do tipo de desafio que sua empresa se dedica a solucionar, apresentando situações reais aos candidatos e estimulando-os a tomar decisões que ajudem na resolução desses processos.

A correlação entre esse processo e o engajamento dos colaboradores com a empresa é significativa. Esse cuidado na recepção e integração dos novos funcionários é uma demonstração de desvelo e interesse que impacta na satisfação deles com a organização, aumenta sua eficiência e reduz tempo e custo de adaptação.

Uma das grandes vantagens das pequenas empresas é que a distância entre a equipe e os diretores é pequena, o que facilita a interação. Conheça quem trabalha com você, o profissional precisa perceber que é importante e que faz parte do seu negócio. De forma geral, as startups são bem "humanizadas".

Pessoas têm necessidade de reconhecimento, é preciso elogiar, fazer com que se sintam verdadeiramente recompensadas pelo seu trabalho e indicar como podem crescer profissionalmente, essas atitudes melhoram a autoestima e a motivação, favorecendo a retenção de talentos.

Para reter os talentos de sua startup, é preciso estimulá-los. Estabeleça metas para manter sua equipe produtiva, utilize murais e outros canais de comunicação interna para unificar e criar um fluxo informacional, divulgue claramente datas, festas, reuniões, metas, resultados de mercado. É importante também comemorar cada vitória, cada nova conquista, cliente... é simbólico, mas ajuda muito a desenvolver uma cultura.

Utilize canais online e offline, mas não se esqueça que a comunicação face a face é fundamental para criar empatia e relacionamentos melhores com os talentos de sua empresa. Quanto mais se sentirem informados, menos espaço para boatos organizacionais, incertezas e insatisfações haverá, o que ajuda muito na hora de reter seus talentos. A transparência dentro de qualquer negócio é base para que todos possam se engajar verdadeiramente e se sentir parte do problema/solução. Dentro de uma startup então, onde as equipes geralmente são enxutas, ser transparente é o mínimo que se espera na condução do relacionamento com a equipe que é muito próxima.

Os profissionais valorizam aspectos relacionados à experiência do trabalho, como realização e prazer; quando estimuladas, as pessoas produzem mais e tornam-se mais criativas e felizes. Assim, ofereça um ambiente acolhedor, dinâmico e estimulante a seus talentos! Espaços para desopilar, para criar, para se relacionar, tudo favorece um melhor desempenho e engajamento dos colaboradores.

San Pedro Valley

E, para mostrar como tudo isso funciona na prática, vamos falar sobre a comunidade de Belo Horizonte, sem dúvida um berço de empreendedores talentosos que influenciaram e influenciam todo o ecossistema brasileiro.

Para começar, é preciso falar sobre o estado de Minas Gerais, que é enorme e até maior do que muitos países territorialmente. São 853 municípios e é claro que, infelizmente, como em boa parte do nosso país, existem regiões mais desenvolvidas e outras com uma série de problemas. A falta de infraestrutura e outros motivos que não vêm ao caso têm levado as novas gerações, que não pretendem continuar no campo, para cidades maiores com o intuito de "tentar a vida". E, dessa forma, acabam surgindo vários polos que concentram pessoas e oportunidades reais, e claro que capital e adjacências são os mais atrativos nesse contexto. Mas também precisamos destacar o Sul de Minas e o Triângulo Mineiro por suas iniciativas e destaques. É fato que não existe progresso sem infraestrutura, estrada boa, escola, hospital, internet, tudo isso é o mínimo para fazer qualquer comunidade funcionar.

Neste cenário, muitos empreendedores ou grande parte talvez deles vieram do interior e não nasceram em Belo Horizonte. A criação, valores, responsabilidade de se mudar e amadurecer mais cedo acaba, inevitavelmente, influenciando a relação com os estudos, desempenho e comprometimento com os projetos que idealizam. E este é o começo de tudo, é possível verificar um padrão de conduta dentro da nova realidade que eles têm que construir.

Não por acaso, quem chega a esses polos e, principalmente na capital, opta por cursos semelhantes e geralmente na UFMG. Existem universidades que são destaque na área de TI, com investimentos significativos em pesquisa e desenvolvimento. A Escola de Engenharia e o Departamento da Ciência da Computação da UFMG têm foco em estudos aplicados, fornecendo muita mão de obra para o setor, o que fomentou o aumento de empreendedores na região.

Vale ressaltar que Minas Gerais só fica atrás de São Paulo no que diz respeito à tecnologia da informação e biotecnologia, uma vez que o estado possui um ecossistema sólido para o empreendedor, assim como ações que visam a fomentação da cultura empreendedora no Estado.

Não é difícil entender que, dessa forma, esses lugares ficam mais densos e toda essa infraestrutura e investimento acaba capitalizando pessoas que começam a fazer a diferença na comunidade que se inseriram. Mais do que isso, um DNA começa a ser moldado em cima dessa vertente. Acaba também influenciando e inspirando quem fica nas cidades de origem do interior, e se torna um ciclo altamente benéfico para o Estado como um todo.

Em Belo Horizonte, a ideia de startups despontou entre 2004 e 2006. A primeira geração empreendedora surgiu em meados de 2009, que são os formandos que começam a pensar em coisas novas, a trabalhar nas empresas de tecnologia primeiro, juntaram dinheiro e, a partir de 2011, começaram a empreender efetivamente. Nesta época também surgiram as primeiras iniciativas com o intuito de fomentar o que estava ainda no início. Há bons incentivos do governo, a realização de eventos e palestras quase semanais e programas de aceleração de crescimento, como o Seed. Essa prosperidade também se dá pelo fato de haver um laço forte entre órgãos governamentais, universidades e empresas. Com a comunidade fervilhando nos anos seguintes, não demorou para irromperem centenas de novos empreendedores e, entre 2013 e 2014, as primeiras startups começaram a levantar muito dinheiro em rodadas fantásticas de investimentos, inclusive em outros países porque estavam se destacando.

E, mesmo que tudo tenha começado com uma brincadeira, foi formada então uma comunidade que hoje reúne mais de trezentas startups em Belo Horizonte, conhecida como San Pedro Valley. Eleita por duas vezes seguidas como a melhor comunidade de startups do Brasil pelo Spark Awards (hoje Startup Awards), premiação realizada por nós na Abstartups, e muitos dizem que é a melhor comunidade do Brasil. O empreendedor Matt Montenegro, que fez parte de todo esse movimento de construção e vendeu três startups — VidMonsters, Aio, Beved —, conta como tudo aconteceu.

"Se eu não estiver equivocado com as datas, em 2009, comecei a trabalhar numa empresa chamada Via6. Nela, conheci Diego Gomes, um dos responsáveis pela minha contratação. Eu era recém-formado em Publicidade e havia começado uma pós em Design de Interação na PUC. Fui contratado para redesenhar toda a Via6, o LinkedIn brasileiro.

Quando comecei a trabalhar na Via6, conheci também o Yuri Gitahy (criador da Aceleradora e investidor-anjo na Sympla), um dos caras que tocava esse projeto. Ainda sem vê-lo pessoalmente, conheci o Edmar Ferreira, que trabalhava remoto diretamente de Montes Claros. Meses depois, um novo integrante chegou. Era o Bernardo Porto (Portinho e QuickSys), fã de Delphi. Quase um ano mais tarde, com a saída do Diego, conhecemos o Vitor Peçanha, que também passou pela Via6.

Antes de o Diego sair da Via6, eu me recordo cristalinamente dele desenhando (sim, ele já fez coisas do tipo) a primeira marca de uma empresa de dois amigos deles. Essa empresa chamava Hotmart e esses dois eram João Pedro e Mateus.

Nessa mesma época, o Diego mantinha um blog, chamado Read Write Web Brasil e contava com o Boto (vulgo Diogo Bedran) para tradução de alguns conteúdos. Blog este que se tornou o Webholic, posteriormente.

Não saberei precisar o momento, mas, entre 2009 e 2010, o Diego realizou o primeiro meetup de startups em BH. Bem, o primeiro que eu tive conhecimento, claro. Desde então, vários e vários meetups foram realizados mais adiante. No final de 2010, a Via6 "quebrou". E a maior parte do pessoal foi dispensada. Na virada para 2011, talvez um pouco mais para a frente, Diego e Edmar se juntaram a João Pedro e Mateus num microescritório sem janela no banheiro. Não para montar um negócio juntos, mas para dividir os custos de ter um escritório em BH.

Durante essa jornada, a Hotmart venceu o Sua Ideia Vale Um Milhão, do Buscapé, e a, então, Everwrite venceu o Prêmio RBS. Paralelamente, o Vitor Peçanha tocava a TextCorner no Start-Up Chile. Não muito distante dali, Bernardo Porto liderava a DeskMetrics, na Rua Lavras. Não por muito tempo, pois, ainda em 2011, Bernardo também foi ao Start-Up Chile. Pouco tempo depois, quando eu já havia descontinuado o MiCasaSuCasa e iniciado o Beved, também passei a "integrar" o SPV "oficialmente".

Havia uma padaria (que até hoje não gosta de ser fotografada), onde, em muitas ocasiões, JP, Mateus, Diego, Ed e Portinho se encontravam. Num desses encontros, salvo engano o Mateus, soltou a frase que ficaria eternizada pouco tempo depois: "Nossa, aqui parece o Vale do Silício, toda hora esbarramos com um CEO de uma startup. Aqui é o San Pedro Valley (se referindo ao bairro São Pedro)." Depois dessa brincadeira, o nome pegou e outros começaram a brincar com uma hashtag no Twitter. Estava criado "oficialmente" o nome San Pedro Valley.

Ao longo do tempo, centenas de startups foram criadas e passaram pelo San Pedro Valley tais como Hotmart, Rock Content, Hekima, Dito, DeskMetrics (vendida em 2016), Base2 (Crowdtest), Sympla, Smarttbot, Méliuz, Tracksale, MaxMilhas, Denox, Studio Sol (Cifra Club, Letras, Palco MP3). Há tantas outras startups, mas fica complexo citar todas elas aqui. O DNA do empreendedor brasileiro é altamente influenciado pelos mineiros. Todo o desenvolvimento do ecossistema do Brasil passou na mão de um mineiro em algum momento e em alguma ponta."

Matt Montenegro, empreendedor

Exatamente por causa de todo esse investimento e mão de obra qualificada disponível, empresas como o Google escolheram Belo Horizonte como sede de seu primeiro centro de engenharia na América Latina — o que foi o ponto de partida para a formação desse ecossistema de startups. Note que mais de 300 startups na região metropolitana de Belo Horizonte é um número muito significativo para uma cidade de 2,5 milhões de habitantes. Fora as startups que passam pelo Seed e também ficam por lá após o programa. É o caso da Construct LATAM, Shippify e Softruck, por exemplo. O Seed é um programa importante para o estado porque ele gera uma importante mão de obra qualificada para a difusão da educação empreendedora para todo o estado. Muito mais do que acelerar startups, o Seed possui uma responsabilidade social de, através dos empreendedores de cada startup, levar educação empreendedora para escolas e universidades.

O San Pedro Valley, em partes, cresceu muito usando um grupo no WhatsApp, ainda quando só podia inserir cinquenta pessoas por grupo. Hoje, esse grupo de WhatsApp já possui outro foco e significado, porém, no início, reunia os fundadores dessa primeira geração de startups possibilitando muitas trocas e colaboração. Atualmente, o grupo envolve pessoas diversas, de entidades diversas e os temas são mais rasos e abrangentes.

Alguns anos depois, um canal no Slack também foi criado, mas a movimentação é bem baixa. O que vemos, na prática, são os empreendedores conversando individualmente um com o outro. Isso sim funciona de verdade.

Muito mais que um grupo no Facebook, um no WhatsApp, Telegram, Slack, o que faz toda a diferença é a possibilidade de estar a um grau de conexão de basicamente qualquer fundador de startup em BH. É isso que faz muita diferença, em outros graus e gerações, isso também ocorre. Por exemplo, as startups mais novas que passam pelo Seed criam um elo semelhante. Ainda assim, o 1-1 é a forma mais poderosa e eficiente de aprender e também colaborar. Um café, um almoço, um Skype, uma mensagem privada. É assim que o negócio realmente funciona. E, o mais surpreendente, é que, na maioria das vezes, mesmo com agendas superapertadas, se houver espaço, dificilmente você verá um empreendedor se negar a te receber.

O SPV não possui nenhuma formalização jurídica. Não é uma associação, não cobra mensalidade, não possui boleto, sua marca não é registrada. Não tem nada disso. É um grupo independente, que, inclusive por isso, tem suas muitas diferenças.

Apesar de haver alguns pontos negativos na informalidade, acredito que essa mesma informalidade seja um dos pontos mais fortes da comunidade. Engaja quem quiser, faz-se se tiver a fim de fazer. Dinheiro? Bem, cada um se vira como pode. Há eventos pagos, gratuitos, mistos. Tudo de acordo com a iniciativa, seus custos etc. Não existe regra. A marca atual do SPV, que foi criada pelo Matt, fica em um Dropbox e qualquer pessoa pode acessar e utilizá-la.

É tipo o Vale do Silício nesse sentido. Não há uma associação que envia boletos cobrando mensalidade. Apesar da proximidade de vários fundadores, uma formalização só serviria para encher o saco e tomar o seu precioso tempo que, em vez de ir para sua startup, vai para cuidar de uma nova instituição. Não faz o menor sentido.

O SPV, na verdade, se tornou uma mentalidade. Uma cultura. A cultura da colaboração, de ajudar as pessoas sem esperar nada em troca. De buscar ver todo mundo dar certo. Isso é o San Pedro Valley. Acabou se transformando em algo muito maior do que qualquer pessoa poderia imaginar. Para outros empreendedores de outras cidades, é um modelo. O SPV, hoje, é um exemplo de comunidade, crescimento orgânico, amizade e cumplicidade entre os talentosos empreendedores mineiros.

Como Fazer

1. **Educação**

   Educar o mercado através da realização de eventos para criar cultura. Você só tem uma comunidade se dita ritmo, cultura. É ensinar, mostrar um novo caminho.

2. **Infraestrutura**

   Investir em infraestrutura para poder desenvolver, premissa básica do desenvolvimento sólido e crescente. Os talentos precisam de condições reais para desenvolverem seu trabalho de forma eficiente. E as universidades têm um papel fundamental nesse processo.

3. **Liderança**

   Liderança pelo exemplo, empresas dando certo estimulam o governo e os demais empreendedores e empresas a investir na própria comunidade. Empreendedores empreendendo e entregando resultado chamam a atenção de forma positiva.

4. Coesão

Densidade atrai contratação, mídia, recurso e por aí vai. O fazer acontecer faz a diferença, iniciativas isoladas não somam força. Empreender é uma questão de vocação, estudar muito e ter disposição para pagar o preço. Existem lugares que são mais propícios para empreender em função do desenvolvimento da região e mais acesso, o que acaba ajudando. Quanto mais empresas dão certo, mais são produzidas. Empresas maiores estão investindo e comprando outras startups. O cenário atual é muito convidativo a empreender porque tem uma série de ferramentas na mão que nem sonhávamos há dez anos. Evolução muito grande nos últimos anos, empresas sendo vendidas, investimentos maiores, unicórnios despontando Brasil afora. Saídas acontecendo a todo momento.

5. Compartilhamento

Dê às pessoas atribuições. Se você é um líder e as pessoas vêm até você para perguntar como elas podem se envolver, dê a elas tarefas. Isso separa os sérios daqueles que não são. Encontrar pessoas que são boas em fazer coisas é difícil. Elas vão se encaixar em um contexto mais amplo, farão a tarefa delas, usarão as tarefas como pontos de partida.

6. Erre rápido

Experimente e falhe rapidamente. Ter iniciativas que falham deve ser uma parte aceita da cultura de uma comunidade de startups e faz parte da trajetória de qualquer talento. Em empreendedorismo, o fracasso é simplesmente parte do processo de criação de algo grande, em vez de um ponto final. Se o fracasso não for aceitável, más ideias perpetuarão.

7. Seja verdadeiro

Seja "socrático", proponha desencadear o debate tomando um ponto de vista oposto, estimulando o pensamento crítico e iluminando ideias com perguntas. Não espere nada em troca (você ficará encantado com o que recebe). Seja autêntico e pratique o que você prega. Seja direto. Diga a verdade, por mais que seja difícil.

8. Valorize a diferença

Seu relacionamento é de duas maneiras, não de um jeito. Procure aprender mais do que você ensina. Tornem-se colegas. Tornem-se mentores uns dos outros. Separe claramente a opinião do fato. Mantenha as informações confidenciais. Claramente comprometer-se a ser mentor ou não. Diga "não sei" quando você não sabe. Guie, não controle. As equipes devem tomar suas próprias decisões. Guie, mas nunca diga a eles o que fazer. É a empresa deles, não a sua. Aceitar e se comunicar com outros mentores que se envolvem. Seja otimista, forneça conselhos acionáveis específicos; não seja vago.

9. Seja flexível

Seja desafiador/robusto, mas nunca destrutivo. Tenha empatia. Lembre-se de que as startups são difíceis. Assim como cada indivíduo tem a própria personalidade, cada empresa tem a sua cultura. Qual tipo de cultura a sua empresa tem? É única? Vibrante? Atraente? Quando você criar a cultura certa, atrairá muitas pessoas.

10. Invista financeiramente

Pessoas realmente boas custam caro. Um exemplo: se você quer se vestir de forma mais requintada, você vai ter que desembolsar mais dinheiro do que alguém que se veste de forma mediana. Se você quer dirigir um carro que seja mais rápido e mais poderoso do que os demais, obviamente gastará mais dinheiro do que o normal. A mesma coisa acontece com os negócios. Se você quer criar um negócio que se sobressaia sobre os demais, terá que investir mais dinheiro na mão de obra para realizar esse negócio. É certo que é necessário um bom salário para atrair bons trabalhadores. Mas apenas o salário não é suficiente. Na verdade, é preciso ser bem cuidadoso na hora balançar a bandeira do melhor salário, pois isso pode atrair o tipo errado de pessoa. O tipo certo de pessoa é aquele que não vê só o salário, mas a oportunidade como um todo. E o que "oportunidade" envolve? No sentido mais amplo, pode incluir tudo, menos o salário: o tipo de projetos em que trabalharão; as pessoas com quem se relacionarão; o estilo de liderança sob o qual vão se submeter; a natureza da empresa como um todo.

A mídia tem um papel fundamental em contar essas histórias, afinal, tudo que foi abordado e construído até aqui só faz sentido se for mostrado, divulgado e alcançar o maior número de pessoas possíveis. Afinal, são essas pessoas que vão consumir a solução proposta, divulgar organicamente, se tornar eventualmente um parceiro e por aí vai. Neste sentido, é importante frisar que criar e manter um bom relacionamento com a mídia é fundamental, seja ela local ou nacional. São os veículos que vão ajudar o seu negócio e a sua startup a ganhar visibilidade.

> "A presença de bons talentos é essencial para a criação e manutenção de um forte ecossistema empreendedor.

Rafael Ribeiro

❝❞

Coisas incríveis no mundo dos negócios nunca são feitas por uma única pessoa, e sim por uma equipe.

Steve Jobs

Acesso a mercado

Neste capítulo, o último ponto que vamos abordar para que você possa construir uma comunidade forte e ativa, vamos falar sobre a importância do networking, conexões, apoio e investimento local. Tudo isso através do compartilhamento de conhecimento, geração de conteúdo e experiências numa estrutura orgânica e conectada com as principais pontas para fazer a comunidade rodar. É fato que o sucesso de uma empresa, de uma região, de um setor, de um mercado, de um Estado, ou de uma comunidade como estamos mostrando aqui, não é mais produto do acaso, da competência nem da genialidade de alguém trabalhando no isolamento.

Isso pelo simples fato de que mercados não são organismos estáticos. Pelo contrário, são altamente dinâmicos e estão em constante mutação, impondo transformações sistêmicas. Todos somos causa e efeito. Todos somos parte de um problema e também da solução. Dito isso, vamos aprofundar na lógica da abundância que troca medo por confiança, que substitui a simples competição pelo compartilhamento de recursos e que acredita no valor da organização distribuída, na troca, na cocriação e no aprendizado mútuo das organizações exponenciais.

Se todos os envolvidos soubessem e acreditassem no potencial da união entre empresas e startups para resolver problemas reais e gerar valor na cadeia, reunindo inovação e excelência operacional, estaríamos vivendo hoje um outro estágio no Brasil. As empresas não devem abrir mão desses dois conceitos. Uma organização que só pensa na inovação tem um foco mais no desenvolvimento de um futuro e terá dificuldade de operar no presente, enquanto uma empresa que só tem foco na excelência operacional terá dificuldade de inovar e se destacar para ter vantagem competitiva no futuro.

Dentro deste contexto, qual seria, então, o equilíbrio ou mundo ideal? A preservação do que foi feito de melhor, compartilhamento de recursos e abertura das portas para o novo, para potencializar oportunidades e oxigenar as organizações.

Para falar de acesso a mercado, vamos começar a partir de uma constatação básica: O mercado opera como um vetor de crescimento nesse mundo de inovação. Empresas consolidadas e tradicionais têm toda uma rede de apoio que pode dar embasamento para as soluções/startups inovadoras. Ou seja, na prática, significa uma rica troca entre cliente e prestador de serviço que não apenas aquece, mas fortalece a comunidade em que ambas as empresas estão situadas.

Como começar? A partir da criação de conexões com o mercado real, construindo pontes entre o mercado e as startups com suas ofertas de soluções criativas. Relacionamento com grandes empresas e programas de conexão facilitam o acesso a grandes clientes que são importantes para o desenvolvimento de qualquer negócio, e é claro que meios que facilitem isso são sempre bem-vindos. Além de estimular o cliente/fornecedor, oferece chances reais para o intraempreendedor e o empreendedor local. É o que pode ser constatado no estado do Rio Grande do Sul, principalmente nas comunidades de

Caxias e Porto Alegre e tem gerado resultados bem interessantes. De uma forma sólida e estruturada, eles criaram uma relação de business onde existe ganho para os dois lados, uma startup é contratada como um fornecedor como qualquer outro que a empresa tenha.

Empresas, entidades representativas, universidades, poder público e agentes de fomento se unem para desenvolver um ambiente de soluções inovadoras associadas a startups. Desde o início, a ideia era fazer com que a Serra Gaúcha passasse a figurar no contexto nacional como um ecossistema de inovação, aliado a startups. Com esse propósito foi criada a Hélice, Movimento pela Inovação, que une grandes empresas da região, entidades representativas, universidades, poder público e agentes de fomento. A iniciativa surge com o objetivo de se integrar a outras existentes na região, fortalecendo o perfil empreendedor e inovador da Serra Gaúcha.

O movimento se formou pela iniciativa das empresas Florense, Marcopolo, Randon e Soprano, com o apoio do Sindicato das Indústrias Metalúrgicas, Mecânicas e de Material Elétrico de Caxias do Sul (SIMECS). Uma das primeiras ações foi levantar em conjunto demandas empresariais comuns às quatro empresas, como forma de dar início ao movimento mapeando startups que possam desenvolver as soluções esperadas. Para isso, a Hélice conta com a atuação da ACE, aceleradora de startups com abrangência em todo o país, que analisa e seleciona as startups para realizarem projetos com uma ou mais de uma empresa da Hélice.

O sucesso da iniciativa já era esperado, afinal, o fato de contemplar a contratação de soluções propostas por startups e o desenvolvimento de empreendedores na região já é um forte indicativo de que está se dando início à formação do ecossistema de inovação que se deseja para a região. Já na primeira fase do projeto, resultou no desenvolvimento de treze contratos com seis startups de todo o Brasil em quatro áreas (recursos humanos, marketing/vendas, indústria e logística). Para as empresas idealizadoras, o resultado alcançado foi além das expectativas e a possibilidade de trabalhar em conjunto e utilizar a inovação e a tecnologia para solução de alguns problemas dessas companhias de forma colaborativa fez a diferença.

Pode parecer meio óbvio, mas quando fortalece chama a atenção de todos, vem investidor, aceleradoras, todos se engajam nesse movimento que passa a ser crescente e contagioso! Contratação, patrocínio de eventos, ações de transformações culturais em que eles estão presentes, mentorias, troca de experiências com CEOs de grandes empresas. É ganho de todas as formas.

Além da idealização de Florense, Marcopolo, Randon e Soprano, e o apoio do SIMECS, também integram a Hélice o Sindicato das Empresas de Material Plástico do Nordeste Gaúcho (Simplás), o Sistema FIERGS, o Acelera Serra, a Câmara da Indústria, Comércio e Serviços de Caxias do Sul (CIC), a FSG Centro Universitário, a Universidade de Caxias do Sul (UCS), o Centro Empresarial Flores da Cunha, o Uniftec Centro Universitário, a Prefeitura de Caxias do Sul, a Aceleratech e a OCA Brasil Coworking Hub.

A OCA Brasil, idealizada e fundada pelo Danillo Sciumbata, pode ser definida como um "hub de inovação" ou misto de coworking e salas para empresas, inaugurado em Caxias do Sul em 2016, e que já conta com uma unidade em Porto Alegre. Em Caxias, onde tem espaço para abrigar 70 empresas residentes e 130 posições de coworking, além de espaços de convivência, salas de reuniões, escritórios personalizados, células de inovação, espaços para eventos, academia e cafeteria, empresas como Randon, Soprano, Metadados, PCB Connect, Rede Marketplace, DBserver, Uber e Santander são algumas das organizações atualmente com células sediadas na unidade. É também na OCA a sede do movimento Hélice.

"O nome Hélice foi escolhido por trazer conceitos que estão aderentes à proposta do movimento. Em uma hélice, todas as pás possuem a mesma importância e saem do mesmo centro, ou seja, o protagonismo é coletivo. Ao se moverem em conjunto, causam transformação, inovam, criam uma força nova. Além disso, a geração de vento também remete à renovação, abundância, sustentabilidade. Entendemos que a conexão entre a capital e a Serra pode potencializar o desenvolvimento do ecossistema de inovação gaúcho e alavancar ainda mais o Rio Grande do Sul no cenário nacional, preservando as demandas regionais e abrindo uma conexão entre o estado e os grandes centros do Brasil. As grandes empresas, ainda intituladas tradicionais, já se deram conta da importância de aderir e valorizar a inovação para se manter no mercado de forma competitiva e saudável. Através da parceria com as startups, estão reduzindo custos e potencializando sua atuação com a criação de novas frentes e projetos. Quando se aproximam, entendem que a diretriz estratégica agora é buscar as novidades no mundo de startups. Passaram, assim, a estar presentes em todos os grandes eventos para acompanhar os movimentos. Todas as empresas que já fazem parte e as que querem entrar já entenderam a importância de fortalecer o ecossistema. Os resultados de todas essas ações são muitos e serão colhidos a médio e longo prazo e não apenas para as empresas e startups envolvidas, mas para a comunidade como um todo. A própria OCA foi criada com o intuito de ser uma casa para as comunidades. Há dois anos tivemos o primeiro contato de uma empresa e a partir daí começamos a crescer e a fazer as conexões no mundo corporate que gira em torno de bons negócios, dinheiro, NF, investimento e por aí vai. Aproveito ainda para dizer que, em meio a todo esse trabalho que está sendo desenvolvido, a Abstartups consegue te conectar com os agentes certos e te dá respaldo e credibilidade para conduzir os negócios, principalmente com as grandes empresas. As pessoas e a empresa que estão por trás dão o tom da importância em relação a tudo que está sendo feito. Governo e empresas tradicionais já se deram conta de que é preciso inovar para sobreviver. Os grandes têm o paradigma que detém o conhecimento, já sabem fazer. Por isso, é tão importante ter esta chancela por trás porque primeiro o trabalho a ser feito é de desconstrução e o desafio não é convencimento, mas mostrar como a empresa pode fazer isso. E, por fim, acessibilidade para as comunidades é fundamental, é preciso ter acesso para fazer funcionar. Uma comunidade forte evita fuga de talentos, e faz tudo funcionar da forma que tem que ser. O trabalho de base é dever de casa para que as startups tenham condições reais de ficar onde nasceram e, assim, fomentar suas comunidades."

Danillo Sciumbata, Head de Cultura da OCA Brasil

"Ao criar uma startup o empresário pensa: "Essa é uma ideia legal, acho que posso tirá-la do papel." E aí começa o choque de realidade. Um governo que ainda engatinha no apoio às startups, legislação que muitas vezes não abrange o novo modelo de negócios, dificuldade em encontrar pessoas capacitadas, recursos escassos e uma série de outros desafios. Ao entrar em contato com outros "startupeiros", o empresário perceberá que, na maioria das vezes, os problemas que ele enfrenta são comuns a todos eles. E, nesse momento, percebe-se a importância da comunidade. Quando se tem um ecossistema maduro, a troca de experiências se torna constante, e todo o caminho a ser percorrido fica mais fácil. Uma comunidade contribui em diversos pontos para o desenvolvimento das startups: mais eventos, capacitações e cursos de mais qualidade, mentorias, networking.

E essa comunidade, aos poucos, percebe que mais do que eventos e capacitações, outros fatores são importantes para o fortalecimento de todos:

- **GOVERNO:** que se torna um importante parceiro para a geração de um ambiente propício para a criação de novos negócios.

- **UNIVERSIDADES:** onde o tema de empreendedorismo passa a ser tratado com a devida atenção e de onde saem muitos futuros empresários.

- **COWORKINGS:** que propiciam um ambiente onde toda essa troca se materializa.

- **GRANDES EMPRESAS:** que percebem como o mindset das startups pode ajudar a se reinventarem em um momento em que todo o mundo passa por um processo de transformação digital.

- **ENTIDADES DE APOIO, COMO O SEBRAE:** que trabalham em prol do desenvolvimento das empresas e sabem da importância delas para a geração de emprego e para o desenvolvimento do país.

E, assim, aos poucos, com uma, duas, três startups, vemos uma pequena comunidade surgir. E com o tempo começamos a ver todos se envolvendo, todos se ajudando e colaborando. E, quando essa ajuda se torna natural, aqueles que há três anos estavam iniciando sua startup, encontram-se hoje mentorando quem está participando de um Startup Weekend. Aqueles que antes batiam às portas pedindo ajuda, hoje estão investindo em novas startups. Outros que antes precisavam convencer dez pessoas a toparem fazer um evento, hoje são convidados para apresentar o seu caso de sucesso. E, nesse momento em que todos se veem trabalhando em prol de um objetivo comum, podemos dizer que ali tem-se uma comunidade. Uma comunidade que se ajuda, que se desenvolve. Uma comunidade na qual todos estão comprometidos não apenas com suas próprias empresas, mas com o meio em que estão. Uma comunidade em que cada ator tem o seu papel e todos reconhecem a importância de cada um para o sucesso que ali se vê. Uma comunidade em que todos sabem que ao dar um pouco, os ganhos serão bem maiores!"

Natália Bertussi, coordenadora de startups no Sebrae Nacional

Como podemos observar, existem recursos e oportunidades para todos. Acreditamos que, quando todos se unem por um propósito comum, as chances de inovar e ter sucesso são maiores para todos. É imprescindível que haja investimento local para despertar o interesse de todos os agentes envolvidos. Para as pessoas que dizem querer se envolver, encontre uma pessoa que possa orientar. Concentre-se em sua habilidade ou formação específica, e deixe a comunidade saber que você está disposto a orientar uma pessoa sobre isso. Abrace o novo e esteja aberto a qualquer ideia.

E você, o que tem feito pela sua comunidade, grande empresa?

A inovação compartilhada pode ser usada para construir comunidades mais fortes, empresas fortes, líderes mais fortes e mais sucesso empresarial proveniente de empatia e não apontamento do que precisa ser feito. Em uma hierarquia, quando alguém sugere algo, a reação imediata é começar a fazer perguntas e tentar descobrir por que não funciona. Em uma rede, o oposto é verdadeiro. Responda com "incrível, vá fazer isso!" Você não fica mais forte e melhor quando as pessoas dizem que você já é perfeito. Você fica mais forte sendo empurrado pelo seu parceiro de treino desafiando você.

Seja direto e desafiador. Mas, atenção, fuja de mitos e estereótipos. Sua comunidade precisa ser como o Vale do Silício? Você não precisa fazer isso, então não tente. Em vez disso, trabalhe em limites de organização permeáveis, ajude as pessoas a se movimentarem livremente, ajude jovens empreendedores a colidirem. Deixe as coisas evoluírem com o seu sabor único e original, sem comparações ou ilusões, lide com a sua realidade e extraia o máximo de proveito disso.

Como começar na sua cidade? Conheça cada jovem empreendedor e startup e pergunte o que eles precisam. Dica: não é dinheiro. Eles precisam de orientação e uma ponte para mercados maiores. Construir pontes é sobre relacionamentos. No mundo hiperconectado, pode-se conectar online, mas, para realmente construir relacionamentos, é preciso apertar as mãos e olhar um para o outro, sim.

Compreender a importância de analisar o mercado está diretamente relacionado com a compreensão das mudanças dos tempos atuais. Dito de maneira simples, a análise de mercado é fundamental, pois tudo está mudando muito rapidamente, novidades estão surgindo a cada dia, novos riscos e oportunidade batem à porta das empresas, e, diante de tudo isso, é preciso se adaptar. E como se adaptar se não há um conhecimento claro sobre o mercado?

Muitas empresas constroem a sua concepção sobre o mercado não baseada em dados, estudos e análises, mas naquilo em que os líderes da empresa foram capazes de perceber com o decorrer do tempo. De fato, toda a experiência e conhecimento acumulados com os anos de atuação no mercado devem ser levados em consideração. Porém, é preciso ter claro que, na maioria das vezes, não somos capazes de estar a par de tudo o que está acontecendo e assim ter uma visão real sobre a situação do mercado no momento. Assim, essas empresas têm uma visão do mercado baseada em dados desatualizados.

A análise contínua do mercado é necessária para manter uma visão realista e assim tomar decisões mais acertadas. Boas decisões demandam informações atualizadas. Um bom gestor ou empresário não decide sem antes se atualizar sobre tudo o que envolve a sua decisão: clientes, consumidores, concorrentes, parceiros, fornecedores, finanças, marketing, entre outros.

Se uma empresa quer tomar decisões mais acertadas, é essencial que ela aumente o seu conhecimento. Isso é válido tanto para as questões menores, do dia a dia, mas principalmente para decisões maiores, como a realização de investimentos, a entrada em novos mercados, a oferta de produtos e serviços etc.

E mais: esse conhecimento não deve e não pode ser construído da noite para dia; deve ser uma busca constante da empresa por coletar, analisar e distribuir por toda a organização as informações pertinentes ao seu negócio.

A necessidade de grandes empresas e startups atuarem juntas já não é mais uma tendência. É um fato. Corporações que querem continuar relevantes e startups que desejam ganhar espaço no mercado precisam considerar seriamente essa possibilidade. Com esse quadro posto, a pergunta que mais costumamos ouvir é: Como fazer? Por onde começar esse processo de aproximação entre uma grande empresa e startups? O jeito como esses negócios se relacionam com clientes, a forma como eles se aprofundam nos detalhes dos mercados em que atuam e principalmente a maneira como lidam com as novas ideias e com a aceitação do erro podem ser replicados em qualquer tipo de empresa, mesmo nas grandes corporações.

E é por tudo isso que grandes empresas e startups devem se aproximar. São soluções que vão da criação de novas unidades de negócios e preparação para a transformação digital do seu mercado até o ganho de eficiência operacional por meio de soluções para áreas-meio, como RH, jurídico, contábil, entre outros. Para as startups, a vantagem desse tipo de negócio é o espaço que elas ganham no mercado e também descobrem novas formas de olhar para as mais diversas situações que se impõem ao longo da trajetória. Enfim, quando bem feita, essa relação é o típico ganha-ganha.

Como Fazer

1. **Mobilização**

A iniciativa só será bem-sucedida se houver um grande trabalho para mobilizar as empresas do mercado local com o intuito de comunicar, informar, integrar e capacitar os envolvidos, tais como investidores, empreendedores, empresários. Mas é importante lembrar que, para "fazer funcionar", a empresa precisa ter líderes em contato direto, com dedicação 100% a fazer negócios com startups.

2. **Apoiadores**

Obter o maior número de apoiadores da causa que realmente entendam a importância do que estão fazendo pela comunidade.

3. **Formação de núcleos**

A construção de portais e a criação de Institutos/Núcleos ajudarão a atingir os objetivos. Apoiar e estar presentes nesses hubs locais permite uma aceleração do processo.

4. **Eliminar a competição**

Qualquer empresa tradicional, por mais engessada que seja, pode olhar para as startups não como inimigas, mas como referências para o aprendizado de como criar um potencial de inovação e disrupção "domésticos" em seus próprios ambientes corporativos. Trazer a mentalidade de startup para uma empresa que nunca atuou dessa forma pode ser um desafio considerável, mas os próprios empreendedores indicam algumas formas de como essa cultura pode ser introduzida em outras empresas e seus colaboradores. A melhor forma de começar é contratando um serviço de uma startup como fornecedora.

5. Promover encontros

Promover eventos internos, como hackathons, por exemplo, são atividades que forçam os participantes a enfrentar problemas e criar soluções com agilidade e criatividade, trazendo elementos da cultura de startups para dentro do ambiente corporativo.

6. Comunicação ativa e aberta

A comunicação aberta e o livre fluxo de ideias e informações também são essenciais para o desenvolvimento de uma cultura interna de inovação e podem ser estimulados de diversas formas dentro das organizações: desde incentivos para que colaboradores trabalhem em projetos paralelos uns com os outros, até um time interno responsável por inovações graduais.

7. Programa Piloto

Esta é uma excelente forma de iniciar projetos de aproximação com startups. Desenvolver um programa piloto ou fazer uma prova de conceito é um jeito de iniciar essa relação em um ambiente um pouco mais controlado.

8. Parceria comercial

Contratar uma startup como uma empresa parceira para prestar determinado serviço ou solucionar um problema pontual é uma boa maneira de começar um relacionamento novo entre empresas.

9. Corporate Venture

Este é o modelo mais clássico de relacionamento entre grandes empresas e startups. Aqui, a corporação faz um aporte de recursos em startups que estão em busca de investimento. Com o passar do tempo, soluções que provoquem impacto mais significativo no negócio podem ser adquiridas em definitivo, gerando vantagem competitiva à empresa diante de seus concorrentes.

10. A união faz a força

Como diria o velho ditado, no mundo dos negócios não é diferente e, quanto mais adeptos, mais forte uma comunidade será. Para não sair em busca de empresas que tenham o perfil ideal (seja de área de atuação, de modelo de negócios ou de maturidade) para a realização das parcerias de forma desordenada e sem rumo, busque referências e apoio de quem já está se movimentando próximo a você. Em vez de dar início a um movimento isolado, junte-se e fortaleça o que já está mais adiantado que o seu. Assim, todos ganham.

> "O profissional que não se adapta a mudanças não tem mais espaço no mercado do século XXI, que passa por constantes mudanças.

Flávio Augusto

Resultados

O estado de ebulição define bem o momento em que estamos vivendo hoje, afinal, para quem chegou até aqui fica fácil entender que mudamos de estado nos últimos anos e agora o que não falta é efervescência! Com toda certeza, atingimos a fase que muitos empreendedores estavam esperando; de certa forma, criar uma ruptura em mercados tradicionais de diversas áreas como saúde, educação, logística, financeiro, entre outros, e isso é muito positivo porque mostra que as startups são mais ágeis e estão conseguindo responder às demandas básicas de tantos âmbitos esquecidos em um país com tantos desafios e a economia lutando para se recuperar. Nesse cenário, os empreendedores estão fazendo acontecer. Quando tudo estava e está em certo caos, as startups brasileiras estão "indo muito bem, obrigado".

E olha que os desafios não foram poucos para chegar até aqui. A começar pela própria legislação que precisa estar adequada para as características diferentes que as startups têm e que, infelizmente, mesmo com todos os resultados impactantes, ainda não é uma realidade, como vimos. O poder público precisa entender de forma definitiva que as startups são muito importantes para geração de riquezas e elas são negócios de alta velocidade, escaláveis e com pessoas mais jovens na liderança. Um bom começo para não ficar estagnado no tempo e espaço é entender e aceitar que as mudanças já estão acontecendo e que não estamos mais falando de futuro, mas do aqui e agora. Para falar de resultados, precisamos mostrar antes como foi a caminhada. O momento pode ser de comemoração e otimismo, afinal, temos sim muito o que comemorar. Mas não podemos deixar de destacar o quão difícil foi chegar até aqui e como algumas pessoas e entidades se desdobraram para tornar tudo isso possível hoje.

Dinheiro e tudo o que ele envolve pode ser a solução ou um entrave. Isso porque o acesso ao capital ainda é um desafio enorme a ser enfrentado, por exemplo. As startups buscam um modelo de negócio repetível, escalável e com base tecnológica. Essencialmente, são grandes inovadoras. Elas precisam criar tecnologia e isso leva tempo e, durante o processo, precisam de capital e acabam sofrendo muito com a falta dele. Se compararmos com Israel, EUA e Europa, neste sentido, o Brasil está muito atrasado. Em nosso país, o empreendedor precisa ter lucro já no primeiro dia. Ele não tem folga para criar e desenvolver a tecnologia, precisa lançar e já lucrar. Nossas startups precisam de mais apoio e compreensão, trabalhar o tempo todo sob pressão não ajuda ninguém.

O desafio cultural também deve ser destacado, porque as pessoas precisam entender e olhar as startups como empresas sérias e confiáveis em todos os níveis. Não é modismo, não é coisa de jovem e muito menos algo passageiro. Trata-se de uma realidade que precisa ser ainda mais valorizada em todas as esferas. Se a sua empresa não presta serviço de graça, por que uma startup deveria fazer isso? Aqui estamos tratando de resultados, falamos em crescimento acelerado, em geração de empregos e renda para o país. No mínimo, os agentes do ecossistema precisam ser respeitados, são verdadeiros guerreiros!

E existe ainda o problema da falta de infraestrutura no quesito de aeroportos, acesso e qualidade da internet e logística, problemas que, infelizmente, são mais comuns do que gostaríamos de relatar, principalmente em alguns pontos do país. Se em diversos hubs de inovação que são referência no Brasil ainda temos graves problemas com a internet, por exemplo, imagine no resto do país. Se comparado com os EUA, por exemplo, o empreendedor lá tem muito mais oportunidades de inovar porque o ecossistema como um todo é muito mais atrativo e "pronto" para potencializar novos projetos. Aqui, como já foi dito, é preciso ter muita determinação para subir a escada rolante ao contrário. Estatisticamente 1 a cada 10 startups sobrevive aos primeiros 5 anos. Ou seja, a cada startup que abre um CNPJ, a chance de sobreviver é de 10%.

Ainda assim, enfrentamos uma crise profunda em nosso país, com altas taxas de desemprego, e algumas startups, tais como 99, RD Station, Conta Azul, QuintoAndar, VTEX e Hotmart, entre outras, continuaram a crescer e ganhar visibilidade mundial. Apesar de todos os desafios e dificuldades que também fazem parte da nossa realidade e precisam ser mostrados, acreditamos que o Brasil tem potencial para se tornar uma das cinco maiores potências em inovação e empreendedorismo tecnológico do mundo. Por quê? Na América Latina, somos os principais. Já no contexto europeu e asiático, estamos muito atrás. Israel, por exemplo, é uma potência e tem o tamanho de São Paulo. Até agora, EUA é o número um, depois vem a China, Israel, Inglaterra e Holanda. O Brasil aparece entre a posição 15 e 20. Calculamos que, daqui a 20 anos, o Brasil poderá ser uma potência. Temos como diferencial um mercado interno gigantesco e a capacidade de adaptabilidade do brasileiro de resolver problemas complexos de forma simples. Empreendedorismo é um forma de ultrapassar limites e, se conseguirmos vencer alguns desafios, certamente podemos virar uma referência global e devorar mercados.

Mais do que isso, temos gente! Nosso povo é único e pode ser a nossa "carta na manga" diante dos gigantes mundiais. Somos criativos ao extremo, trabalhadores, quando convictos sobre uma causa, idealistas e aguerridos. Sabemos como poucos canalizar nossas energias em prol do que realmente acreditamos, talvez por isso em tão pouco tempo tenhamos os nossos primeiros unicórnios, porque, mesmo nadando contra qualquer maré, nos unimos e remamos juntos.

Através das visitas e mapeamento das comunidades, constatei que temos "braço" para continuar a nadar e irmos muito além. Estamos nos organizando para isso, a cada nova startup que surge e que entende o seu papel na sociedade e no mercado como um todo, ganhamos mais força e energia.

Talvez o principal resultado deste trabalho é ter a oportunidade de mostrar para as comunidades e, os demais envolvidos, como existe empenho para fazer a diferença nas regiões, no Brasil e no mundo. E estamos apenas começando, nos próximos anos vou continuar rodando o país para dar voz e visibilidade ao máximo de comunidades possível. É um trabalho constante e que desejo que não tenha fim, afinal, sempre haverá novos negócios para mostrar e novos grupos para fortalecer e ganhar espaço.

E errar faz parte do seu processo de aprendizagem. Então, quanto mais você errar, mais aprenderá. Empreender é ter resiliência e entender que é um processo de aprendizagem diário. Não é fácil, porém é possível.

As comunidades destacadas neste primeiro volume são prova disso. E aproveito ainda para reforçar meu interesse permanente em conhecer e contribuir efetivamente com as demais iniciativas que porventura ainda não tenham chegado até mim.

Para aqueles que desejam empreender, a boa notícia é que os ventos estão soprando a nosso favor, sim! Este livro está em suas mãos não à toa, hoje tem muito conteúdo de alta qualidade disponível. Depois de passar essa fase de conteúdo, o ideal é que o futuro empreendedor de startup comece a observar para descobrir um problema, às vezes, é um problema que ele mesmo está passando, está sofrendo. E, a partir disso, pode encontrar uma solução e desenvolver algo conectado com essa solução para "curar" essa dor e entregar valor à comunidade/sociedade. Esse é o processo e a motivação ideal, dinheiro, visibilidade e outras vaidades são consequência, não podem se tornar o objetivo das suas ações. Estude, participe de eventos, capacite-se, faça parte de uma comunidade. Só depende de você, quem realmente deseja fazer a diferença encontra soluções mesmo que o cenário seja adverso. Os outros buscam justificativas e só enxergam os problemas. De qual time você quer fazer parte? Pense nisso e aja rápido, do contrário já terá feito sua escolha.

Saudade, orgulho e gratidão definem nossas primeiras visitas. O trabalho só começou, vamos juntos mostrar o que o Brasil tem de melhor, vamos mudar vidas e fazer a diferença.

Futuro: O que está por vir?

Nesta obra, apresentei um pouco do universo que vivo há alguns anos e o trabalho que desenvolvi na Abstartups nos últimos quatro. Trata-se, acima de tudo, de um esforço pessoal e dedicação incondicional para mostrar os desafios, mas também as inúmeras conquistas e evolução do ecossistema como foi mostrado. Por fim, resolvi fazer agora um exercício de imaginação. Como será o futuro próximo e o que podemos esperar daqui para a frente? É claro que, em função do que estamos vivendo e a recuperação mundial provocada pela crise disseminada pelo Coronavírus em 2020, esse exercício se tornou um pouco mais difícil, afinal, existem muitas incertezas no que diz respeito ao próprio mercado. E talvez a única certeza que temos é de que nada mais será como antes, inclusive no ecossistema empreendedor.

Durante os últimos cinco anos, o ecossistema amadureceu muito e observamos que as startups passaram pelo ciclo da "educação empreendedora" em 2011–2012, aprendendo sobre as metodologias e formas de desenvolvimento de empresas inovadoras escaláveis. Depois os empreendedores tiveram o ciclo do "capital de risco" em 2013–2014, quando houve toda a euforia de investimentos nacionais e internacionais. Em 2014–2015, foi a vez do ciclo da "inovação corporativa", quando as empresas acordaram para a vida e passaram a enxergar startups como ponte para a inovação.

Neste momento, centenas de startups já estão em fase de escala e enfrentam o ciclo dos "Talentos", crescendo loucamente mesmo diante da crise, e tendo muita dificuldade em encontrar bons profissionais para seguir nesse desafio de expansão. Para os próximos anos, esperamos ver acontecer o ciclo das "universidades", no qual teremos o empreendedorismo fazendo parte da grade curricular de todos os cursos do ensino superior, além de ter professores que estimulem seus alunos a criar inovações disruptivas para serem aplicadas ao mercado. Isso pode ser sonho ou uma realidade, basta a universidade entender que ela deve exercer um papel fundamental para o desenvolvimento socioeconômico do país, e, principalmente, em relação às nossas startups.

O Brasil é um país continental e, talvez por isso, tenha desenvolvido um regionalismo muito forte, além de cidades grandes desenvolvidas por toda parte. Centros econômicos que fortalecem regiões, mudam cenários e chamam atenção, empreendedores que são acostumados com essa grandeza, que têm acesso e ferramentas para crescer.

Atualmente somos quase 210 milhões de habitantes, ou seja, o mercado consumidor com um enorme potencial. No geral, uma startup nasce pensando em dominar sua região, não o país e muito menos expandir e levar sua solução para o mundo. Esse modo de pensar e agir passa a ser um entrave se pensarmos em ganhar visibilidade mundial. Israel, por exemplo, é um país pequeno com quase 9 milhões de habitantes, mas que pensa global. No caso deles a situação é justamente o contrário da nossa, não tiveram muita alternativa em função da limitação do mercado interno, ou seja, lá uma startup já nasce para atender o mundo e ganhar novos mercados. O primeiro passo para mudar esse ponto seria criar uma identidade nacional maior e não criar limitante regional. Tudo é uma questão de perspectiva e conhecimento, por que atender apenas uma cidade ou um país se você pode ganhar o mundo, literalmente.

Vencido este primeiro momento que não deixa de ser um fator que limita, em relação ao futuro próximo certamente teremos mais hubs, Seeds, maior participação e investimento do governo. Provavelmente dentro das universidades haverá a substituição da cadeira de empreendedorismo por startup. Novas linhas de crédito para startups. O que o mundo conhece como empreendedorismo vai se sobrepor ao startup. Incubadoras para aceleradoras. Teremos também um maior número de investidores conscientes do seu papel e a aplicação do *smart money*.

Sem dúvida nenhuma, comemoraremos o aumento do número de unicórnios brasileiros. Talvez tenhamos mais de uma startup brasileira de força global que conquiste esse status de solução brasileira em escala global em 2020 ainda, temos vários cases que apontam hoje para essa direção!

E, para que tudo isso aconteça, é preciso que tenhamos um processo de "desburocratização" para que os empreendedores tenham mais liberdade para fazer o que sabem. Que o país seja mais ágil e inteligente. Em vários setores, bancos, cartórios, tributação, precisamos ser mais eficientes e precisos, em todos esses ramos e em outros tantos, grande parte dos processos são demorados e travam em vez de ajudar.

Para continuar a crescer e ganharmos escala, precisamos de uma economia liberal que funcione, além de privatizar estatais deficitárias que não param de consumir recursos e são usadas conforme os interesses do grupo político que está no poder.

Mesmo depois de uma onda de privatização nas décadas de 1980 e 1990, o Brasil é o país que tem o maior número de estatais entre as 36 nações da Organização para a Cooperação e Desenvolvimento Econômico (OCDE). No total, são 418 empresas controladas direta ou indiretamente por União, estados e municípios. Só para se ter uma ideia do que estamos falando, a Austrália e o Japão têm oito. A Áustria tem dez. A Bélgica, doze. Estados Unidos e Reino Unido têm 16. A Dinamarca, 21; e o Chile, 25. Será que faz sentido, de fato, e o Brasil precisa ter um número tão grande de empresas estatais?

De imediato, precisamos primeiro parar de "apenas criticar" o governo e valorizar o que já está rodando. A grande maioria das pessoas só enxerga as oportunidades pelo retrovisor, depois que elas já passaram. Poderia ficar aqui criticando o governo pela forma com têm sido conduzidas diversas iniciativas e tomadas de decisões erradas, mas meu papel como empreendedor é pensar quais soluções podemos implantar para mudar esse cenário. Existem vários movimentos que já são realidade. Nas últimas eleições, os candidatos falaram sobre startups e empreendedorismo em seus discursos e planos de governo. Então a mudança acontece em cadeia e é gradativa, governo, e educação (formação/capacitação dos empreendedores) é no sentido de mobilização mesmo. Direcionar a grana para as iniciativas certas. Acreditamos neste momento de mudança, de reestruturação. Oportunidade para quem faz acontecer nunca vai faltar.

Hoje, no Brasil, só um em quatro trabalhadores ao menos começou uma faculdade. Como a oferta de mão de obra qualificada é pequena, seus salários são muito mais altos. Só começar a faculdade já garante salários mais de 40% maiores, em média. Terminá-la garante salários mais de três vezes maiores, em média. Ou seja, melhorar a educação e garantir o acesso de mais brasileiros ao ensino técnico e à universidade é de longe a melhor política contra a concentração de renda no país. Existem muitas vagas abertas no momento, em startups ou não, mas faltam profissionais capacitados para ocupá-las.

Através da radiografia das startups brasileiras, conseguimos desenhar um cenário do ecossistema e, de certa forma, prever o que nos aguarda em um futuro próximo. Mais de mil startups participaram da pesquisa e, além dos resultados finais completos, é possível encontrar insights organizados em três frentes: perfil da startup brasileira, oportunidades e perspectivas dos empreendedores, e exemplos de iniciativas em outros ecossistemas.

Dentre os resultados obtidos, as principais tendências até dezembro de 2020 são:

- MERCADO CONSUMIDOR: 79% dos respondentes acham que melhorará.
- ACESSO A CAPITAL: 88% dos respondentes acham que melhorará.
- AMBIENTE REGULATÓRIO: 73% dos respondentes acham que melhorará.

○ 41% das startups ainda estão buscando por tração.

○ 44% operam com modelos de serviços (SaaS).

Acessar a radiografia completa:

Esses números refletem o otimismo dos empreendedores brasileiros a curto e médio prazo. É fato que estamos no caminho certo, teremos muitos e empolgantes cases para mostrar em pouco tempo. Estamos fazendo história e o futuro já começou. Só quando um apoiar o outro é que vamos conseguir fazer um país diferente. O que sabe mais tem que ensinar para o que sabe menos e assim por diante. É um ajudando o outro que montaremos um ecossistema eficiente e muito mais forte.

ÍNDICE

A

ACATE
   (Associação Catarinense de Tecnologia), 47
aceleração sem equity, 74
agências reguladoras, 90
   Agência Nacional de Mineração (ANM), 90
agentes
   aceleradoras, 38
   agências de comunicação, 38
   de educação, 40
   fundos de investimento, 39
   incubadoras, 38
   mídia especializada, 39
alcance de mercado, 69
ambiente
   convidativo, 1
   favorável, 2
ampliação de espaços, 45
apoio financeiro, 33
Associação Brasileira de Startups (Abstartups), 18
   StartupBase, 19
associativismo, 48
atratividade, 3
autogerenciamento orgânico, 49
aversão ao risco, 56
awareness, 52

B

base tecnológica e de inovação, 22
break even point, 116

C

capacidade competitiva, 45
capital
   de risco, 158
   disponibilidade de, 69
   humano, 34
captação de investimento, 30
CASE
   (Conferência Anual de Startups e Empreendedorismo), 19
cases de sucesso, 28, 52
células de inovação, 58
centro
   econômico, 28
   estratégico, 29
ciclo
   das "universidades", 159
   dos "Talentos", 159
compartilhamento
   de ideias, 1
   de informações, 1
   empreendedor, 29
comunidades
   empreendedoras, 27

conexão, 3
contrato
    estabilidade do, 92
crescimento
    acelerado, 152
    orgânico, 126
cultura
    ativa, 45
    da colaboração, 126
    empreendedora, 44

D

densidade empreendedora, 32
dificuldades econômicas, 70
distância geográfica, 28
divisão
    geográfica, 5
    política, 5
DNA empreendedor, 30

E

economia
    digital, 45
        sustentabilidade, 45
    liberal, 161
ecossistema
    de inovação, 31
    elementos
        Acesso a mercado, 34
        Ambiente regulatório, 34
        Capital, 33
        Cultura, 33
        Densidade e
            diversidade, 33
        Talentos, 34
educação empreendedora, 158
efeitos de rede, 43
empreendedor
    perfil do, 31
empreendedorismo
    cronologia do, 8
    digital, 45
    técnicas de, 33
engajamento
    dos colaboradores, 118
entraves governamentais, 70
estrutura orgânica, 134
excelência operacional, 135
exits, 16

F

ferramentas de
    transparência, 102
fluxo informacional, 119
fortalecimento empresarial, 44
founders, 31
fundos
    de investimentos, 68
    de mercado, 69
    de venture capital, 69

G

gestão de produto, 30
give back, 47

H

Hackathons, 49
hubs
    Cubo, 58
    de conexões, 29
    Distrito, 58
    Google Campus, 60
    InovaBra
        (Bradesco), 59
    Oito
        (Oi), 59
    Pulse
        (Raízen), 59
    Stormia
        (Seguros Unimed), 59

I

impacto
    empreendedor, 21
    regulatório, 92
incentivos
    financeiros, 63
    fiscais, 92
incubadoras, 65
infraestrutura, 29
iniciativas, 18
    privadas, 29
inovação corporativa, 158
insegurança jurídica, 98
insights, 4
Instituto Tecnológico de
    Aeronáutica
    ITA, 28
insumos especializados, 43
investimentos
    de risco, 45
    modalidades de, 78
        Aceleradoras, 79
        Bootstrapping, 78
        Capital semente, 78
        Incubadoras, 80
        Investimento-anjo, 79
        Venture
            Building, 80
            Capital, 80
    privado, 63
    proposta de, 45

L

leis
    de redução de impostos, 34
    Geral de Proteção de
        Dados, 99
linhas de crédito, 160

M

mapeamento
    das comunidades, 27
    das startups, 26
    dos problemas comuns, 32
Marco Civil da Internet, 97
maus atores, 42
meetups, 49
modelo de negócio, 45
motor de transformação, 18
mundo corporativo, 38

N

networking, 30, 39, 134

O

oportunidade de negócios, 46
órgãos de fomento, 27

P

pacotes de benefícios, 117
parques tecnológicos, 29
participação societária, 74
People Centric
    "Centrado nas Pessoas", 117
perfilamento estatístico, 102
planejamentos setoriais, 92

Planos
    de Comunidades, 27
    Diretores, 92
polos de inovação, 31
pontos de convergência, 27
potencial tecnológico, 28
processo de descentralização, 3
profissionalização da gestão, 44
programas
    Capital Empreendedor SC, 45
    de aceleração, 93
    de Capacitação Startup SC, 45
    de empreendedorismo, 57
projeções, 13
projeto Startup SC, 44–48

R

recuperação judicial, 103
recursos
    alocação dos, 92
    naturais, 96
registro de consentimento, 102
relacionamento contínuo, 21
retenção
    de clientes, 30
    de talentos, 39

S

salto de expansão, 73
sandboxes regulatórias, 101
San Pedro Valley, 124
Sebrae, 26
Smart Money
   (Dinheiro Inteligente), 76
stakeholders, 22
startups, 2
   Caju Valley, 31
   Conta Azul, 47
   digitais, 44
      formalização, 44
   ecossistema de, 2
      pilares
         Acesso a mercado, 4
         Ambiente regulatório, 4
         Capital, 4
         Cultura, 4
         Densidade e
            Diversidade, 4
         Talentos, 4
   Neoway, 47
   Pequi Valley, 31
   Red Foot, 31
   Resultados Digitais, 47

T

transferência de
   tecnologia, 57
transformações
   sistêmicas, 134
trocas de experiências, 65

U

unicórnios, 16

Z

zona de conforto, 38

Projetos corporativos e edições personalizadas
dentro da sua estratégia de negócio. Já pensou nisso?

Coordenação de Eventos
Viviane Paiva
comercial@altabooks.com.br

Assistente Comercial
Fillipe Amorim
vendas.corporativas@altabooks.com.br

A Alta Books tem criado experiências incríveis no meio corporativo. Com a crescente implementação da educação corporativa nas empresas, o livro entra como uma importante fonte de conhecimento. Com atendimento personalizado, conseguimos identificar as principais necessidades, e criar uma seleção de livros que podem ser utilizados de diversas maneiras, como por exemplo, para fortalecer relacionamento com suas equipes/ seus clientes. Você já utilizou o livro para alguma ação estratégica na sua empresa?

Entre em contato com nosso time para entender melhor as possibilidades de personalização e incentivo ao desenvolvimento pessoal e profissional.

PUBLIQUE SEU LIVRO

Publique seu livro com a Alta Books.
Para mais informações envie um e-mail para: autoria@altabooks.com.br

 /altabooks /alta-books /altabooks /altabooks

CONHEÇA OUTROS LIVROS DA **ALTA BOOKS**

Todas as imagens são meramente ilustrativas.

Este livro foi impresso nas oficinas gráficas da Editora Vozes Ltda.,
Rua Frei Luís, 100 – Petrópolis, RJ.